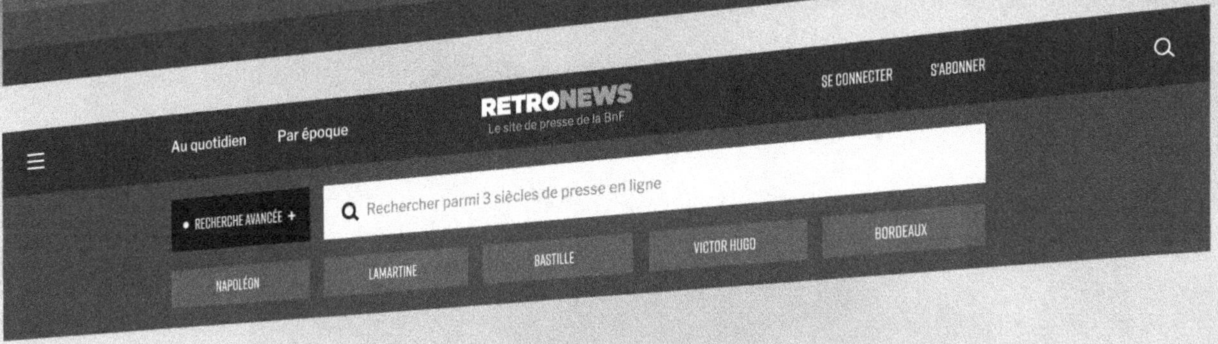

15e Année N° 174 Octobre 1923

LES ANNALES DE LA RÉGIE DIRECTE

LA QUESTION DES LOGEMENTS APRÈS LA GUERRE ET L'ŒUVRE DU « LONDON COUNTY COUNCIL » (CONSEIL DU COMTÉ DE LONDRES)

Par G. Topham FORREST,

Agrégé de la Société royale des architectes britanniques, de la Société royale d'Edimbourg et de la Société de Géologie, Architecte en chef du « London County Council ».

Dès avant la cessation des hostilités, le « London County Council » a étudié, pendant des mois et jusque dans le détail le plus minutieux, la question de savoir dans quelle mesure on aurait à préparer de nouveaux logements pour la population de Londres après la guerre. Il s'agissait de formuler un programme de travail dont l'exécution pût être abordée aussitôt que possible après le retour de la paix. Toutefois, il était extraordinairement difficile d'aboutir à des chiffres qui pussent vraiment permettre de décider combien il faudrait de nouveaux logements dans les cinq, dix ou quinze années qui allaient suivre. Il n'aurait pas été difficile de prévoir sûrement les besoins en logements d'une région rurale de l'Angleterre, car en pareil cas on aurait parfaitement pu évaluer d'avance et avec une suffisante exactitude le chiffre de la population, puisque, ici, le calcul n'aurait pas été troublé par le jeu de facteurs susceptibles d'être affectés par des événements d'importance mondiale. De même pour les petites villes et, dans un moindre degré, pour quelques-unes des grandes villes d'Angleterre, dont l'existence gravite tout entière autour de quelques industries essentielles. Mais, dans le cas de Londres, il ne pouvait être question d'arriver à une approximation, même lointaine. Plus une ville est grande, plus elle est exposée à subir le contre-coup des mouvements et des événements qui agitent le monde entier, et aucun grand mouvement de ce genre n'a eu une amplitude comparable à celle de la guerre de 1914-1918.

Il y a beaucoup de villes en Angleterre dont la population a très peu varié au cours des siècles pendant lesquels Londres s'est développé jusqu'à devenir une si formidable agglomération. De même la population de ces villes pourrait rester à peu près stationnaire, alors que celle de Londres serait en décroissance. La raison en est qu'elles trouvent dans leur voisinage le marché auquel elles s'approvisionnent et les ressources dont elles vivent, tandis que c'est le monde entier qui est le marché de Londres et qui lui fournit ce dont il a besoin. Ces considérations indiquaient que le « London County Council » devait procéder avec prudence et ne pas s'engager dans un vaste programme de construction en vertu duquel on aurait bâti de nouvelles maisons *en plus* de celles qui existaient déjà, simplement en se fondant sur l'hypothèse qu'il se produirait dans les années à venir un accroissement de la population de Londres.

Sur deux points, toutefois, le Conseil possédait des renseignements précis. Tout d'abord les maisons étaient en nombre nettement insuffisant, et il fallait prendre des mesures pour remédier à cette situation; en second lieu, il y avait des blocs de bâtiments insalubres qui étaient impropres à loger des êtres humains, bien que les locataires y fussent si nombreux qu'ils étaient entassés les uns sur les autres : il fallait faire disparaître ces bâtiments et en mettre de nouveaux à la place.

En ce qui concerne le premier point — construction de maisons pour faire face au déficit constaté — les renseignements qu'on possédait indiquaient qu'au moment du recensement de 1911, les maisons ou appartements vacants à Londres étaient relativement nombreux, mais qu'entre cette année-là et l'année 1917 ce nombre avait notablement diminué, et avec une rapidité croissante dans le cas des logements ouvriers comparés aux autres.

Les propriétés du « London County Council », très considérables dès avant la guerre et s'étendant sur une vaste superficie, fournissaient un bon exemple de ce qui s'était passé à Londres en général. Or, le pourcentage des appartements vacants y était en mars 1911 de 7,11; en mars 1914, il était de 1,25; en mars 1917, il était tombé à 0,33, et en décembre de la même année, il n'était plus que de 0,20 %. S'il existe encore un faible pourcentage d'appartements vacants après décembre 1917, c'est surtout à cause des à-coups causés par des changements de locataires ou des réparations à exécuter : il n'y a pas là une marge réelle. Bien loin de là, puisqu'au contraire il y avait une longue liste de gens désireux d'obtenir un logement à la première vacance. (Le nombre des noms figurant sur cette liste est allé chaque jour en augmentant, si bien qu'en 1921 il atteignait le chiffre de 23.000 et qu'il a fallu suspendre temporairement les inscriptions.)

L'examen de la question des futurs besoins de Londres en fait de logements a mis en lumière un autre fait important, c'est que, si le chiffre de la population avait légèrement diminué, le nombre des familles augmentait. Le fait a été confirmé par le recensement de 1921. Pendant les dix années qui ont précédé cette date, la population du comté de Londres a diminué de 37.162 personnes, c'est-à-dire de 0,8 %, tandis que le nombre des familles augmentait de 96.946, c'est-à-dire de 9,5 %. Cet accroissement du nombre des familles a été constaté à Londres depuis quelques décades, et il indique que le nombre moyen des personnes composant une famille londonienne est plus bas qu'il n'était. Pendant la période 1911-1921, cette moyenne a passé de 4,154 à 3,786, ce qui fait une perte de 8,9 pour cent. Toutefois, il n'y a eu aucune diminution correspondante de l'espace occupé, mais plutôt le contraire, et pendant la guerre ç'a été un fait d'expérience courante que de voir des familles réduites en nombre par des morts dues à la guerre continuer néanmoins d'occuper la totalité de leur ancien logement. C'est l'accroissement du nombre des familles qui explique pourquoi la question des logements était devenue plus pressante. Toutefois les familles en surplus avaient en général réussi à se caser, soit en s'installant à une ou à deux dans les maisons vacantes (dont le nombre avait à peu près atteint son maximum en 1911), soit en occupant des pièces vacantes dans des maisons habitées dont les locataires leur sous-louaient une partie de leur logement.

Mais le « London County Council » n'avait pas seulement à se demander comment il remédierait au déficit des logements, il avait à se préoccuper de la question urgente des maisons insalubres, qu'il fallait faire disparaître et remplacer par des bâtiments propres, sains, d'un type répondant aux exigences de l'hygiène moderne.

La plupart de ces maisons insalubres datent de la révolution industrielle du début du dix-neuvième siècle. Au début de ce siècle, la grande majorité du peuple d'Angleterre vivait à la campagne. Dès le milieu du siècle, la moitié de la population habitait dans les villes, et à l'heure qu'il est plus des quatre cinquièmes des habitants de l'Angleterre se trouvent dans les villes. Une pareille immigration ne pouvait aboutir, au moins dans le cas de Londres, qu'à un entassement dans les quartiers du centre de plus de gens que n'en pouvaient tenir les logis existants. Pour faire face à cet afflux, on a d'abord construit de nouveaux bâtiments dans les terrains vacants qui restaient encore entre les groupes de maisons déjà édifiées et on a souvent surélevé d'un ou deux étages les premiers bâtiments ; mais on a été plus loin : on a utilisé, pour y mettre de nouvelles constructions, même les jardins qui existaient entre les maisons de l'époque précédente : c'est ce qu'on verra très facilement si l'on compare les plans de Londres datant d'environ un siècle avec ceux du Londres d'aujourd'hui. Le résultat, c'est que des emplacements autrefois parfaitement salubres ont été transformés en des quartiers surpeuplés et malsains. Les nouvelles maisons ont été placées partout où il restait un bout de terrain vacant, sans qu'on se soit soucié un instant de se conformer à un plan d'ensemble. De plus, dans la plupart des cas, ces maisons sont mal distribuées et mal bâties, et même si elles n'étaient pas habitées par plus de gens qu'elles n'en peuvent tenir, elles seraient encore, à l'heure qu'il est, impropres à fournir des logements convenables. Les maisons qui sont actuellement insalubres, ou si surpleuplées, si mal distribuées ou si mal situées qu'il faut de toute nécessité mettre ordre à la situation, sont au nombre d'environ 24.000, avec une population qu'on évalue à 184.000 personnes.

Il y a aussi quantité de maisons où les locataires sont beaucoup trop nombreux, comme l'a montré le dernier recensement. Naturellement il ne s'ensuit pas que tous les quartiers surpeuplés soient par là-même insalubres, et qu'on ne puisse dans tous les cas remédier au mal qu'en reconstruisant de fond en comble, mais il est certain qu'il y a une relation étroite entre encombrement de la population et situation insalubre. Le recensement montre que les 4 millions 1/2 de personnes qui vivent sur le territoire du comté de Londres occupent un peu plus de 4 millions de pièces ; c'est-à-dire qu'il y a à peu près autant de pièces occupées qu'il y a d'habitants, mais environ 500.000 personnes partagent la même pièce et près de 140.000 autres n'ont qu'une pièce pour trois. (On admet généralement en Angleterre que, dès qu'il y a plus de deux personnes pour une pièce, on a dépassé la limite permise par l'hygiène.)

I. Programme de construction du Conseil

Les faits et les chiffres mentionnés ci-dessus montrent l'importance du problème qui se posait devant le « London County Council » à la fin de la guerre. En présence de cette situation, le Conseil a décidé d'agir résolument et de se mettre sans retard à la besogne de construire de nouvelles maisons. Il a décidé aussi de prendre toutes les mesures possibles pour reconstruire au moins les quartiers les plus insalubres. On a donc établi un programme préliminaire qui prévoyait d'une part la construction de 29.000 nouvelles maisons du type « cottage » destinées à abriter une population d'environ 145.000 personnes, et d'autre part la démolition des blocs de maisons les plus insalubres, habités par une population qu'on évaluait à environ 40.000 personnes.

En ce qui concerne les 29.000 maisons, environ 2.000 d'entre elles devaient être élevées sur des propriétés dont on avait commencé à tirer parti avant la guerre, à savoir Old Oak, Norbury et White Hart Lane, et les autres sur de nouvelles propriétés situées à Becontree, Bellingham, Roehampton et Grove Park ; le plus grand nombre d'entre elles devait se trouver à Becontree. (Toutes ces propriétés seront décrites plus loin dans le présent article.)

Il fallait naturellement un immense travail préparatoire, et bien des mois se sont passés avant qu'on ait commencé réellement à construire. La nation avait concentré toute son énergie sur un seul objet, la guerre. La construction avait à peu près cessé, à moins qu'il ne s'agît des besoins de l'armée, et l'industrie ne fournissait plus de matériaux de construction; le nombre des ouvriers du bâtiment avait diminué dans de très notables proportions, et le matériel roulant des différentes compagnies de chemins de fer s'était sérieusement appauvri. On comprendra que, dans ces conditions, les difficultés auxquelles on s'est heurté, dès qu'on a abordé l'exécution du programme de construction du Conseil, aient été exceptionnelles. On peut les répartir en trois catégories :

1. Difficultés relatives aux matériaux.
2. Difficultés relatives à la main-d'œuvre.
3. Difficultés relatives aux transports.

1. *Difficultés relatives aux matériaux*

On a commencé par évaluer soigneusement la somme des matériaux dont on devait avoir besoin sur toutes les propriétés du Conseil dans les cinq ans qui suivraient immédiatement la guerre. Le résultat de cette évaluation a été qu'il faudrait, pour citer un cas, sept cent millions de briques et trois cent mille tonnes de ciment, ou encore que si l'on groupe toutes les catégories de matériaux, on aurait besoin d'un million de tonnes par an.

C'est seulement avec l'aide du Gouvernement, qui réquisitionnait à peu près tous les matériaux, qu'on pouvait aborder la tâche. Mais l'aide du Gouvernement n'a pas suffi, et il a fallu prendre des mesures pour se procurer des matériaux ailleurs qu'aux sources habituelles. D'autre part, il importait de veiller très scrupuleusement à ce que les matériaux fussent achetés à aussi bas prix que possible, dans tous les cas où on pouvait se procurer en plus d'un endroit la même catégorie de matériaux ; les maisons coûtaient beaucoup plus cher à construire qu'avant la guerre, et il était essentiel qu'on n'épargnât aucun effort pour réduire ce coût à un minimum.

C'est maintenant seulement, au bout de quatre ans, qu'on peut obtenir des matériaux en quantité suffisante, ou à peu près. Au début, le Conseil a dû accepter tout ce qui était disponible en fait de matériaux, sans pouvoir se demander si c'était bien là la qualité qui convenait à l'œuvre entreprise. Il a fallu utiliser ces matériaux du mieux qu'on pouvait. On comprendra aisément qu'il y avait là de quoi sérieusement gêner les travaux, mais on avait tant besoin de maisons que la seule attitude à prendre était de tirer le meilleur parti possible de tous les matériaux qu'on réussissait à obtenir. Cet emploi de matériaux variés demandait à être étudié de près si l'on voulait arriver à des résultats heureux en ce qui concernait l'apparence extérieure des maisons élevées sur les différents terrains du Conseil.

2. *Difficultés relatives à la main-d'œuvre*

Sur toutes les propriétés du Conseil, on a eu beaucoup de peine, surtout dans les débuts de l'entreprise, à se procurer de la main-d'œuvre qualifiée. (On estimait que sur le plus vaste de ces terrains à bâtir, la propriété de Becontree, il faudrait de huit à dix mille ouvriers par jour.) Un des résultats de cette disette de main-d'œuvre a été que le Parlement a voté une loi spéciale défendant de procéder à des travaux de construction de moindre importance que ceux qui avaient en vue de fournir des logements à la population, à moins d'obtenir la permission expresse des autorités locales; et en conséquence le London County Council a dû se prononcer sur quinze cents demandes de cet ordre.

De plus, le Conseil est entré en pourparlers avec les Syndicats pour obtenir d'eux qu'ils retirent leurs adhérents des chantiers où l'on travaillait à des besognes de moindre importance que celle de fournir des maisons aux ouvriers.

Pour essayer de tourner la difficulté qui résultait de la rareté des briqueteurs, on a étudié un certain nombre de méthodes spéciales de construction, et surtout celles qui sont fondées sur l'emploi du béton. Le résultat, c'est qu'on a utilisé des blocs de béton pour construire quantité de maisons sur la propriété de Becontree, où le sol renfermait en abondance du gravier et du sable.

Toutes les méthodes brevetées de construction connues sur le marché ont été examinées de près, et on a fini par adopter celles qui portent les noms de « Dry-Wall », « Fiddler » et « Winget », ainsi qu'une méthode imaginée dans mon service, le « système Witan ».

3. *Difficultés relatives aux transports*

Une troisième grosse difficulté était celle des transports. La plupart des matériaux nécessaires devaient être transportés par route, par chemin de fer, ou par eau. Pour ce qui est de Becontree, on s'est aperçu que les chemins locaux qui existaient dans le voisinage ne pouvaient rendre que peu de services en l'espèce, ou même pas du tout, et que par conséquent les matériaux dont on aurait besoin ici devraient venir par chemin de fer ou par voie d'eau.

La propriété de Becontree était directement accessible à un service de transport par chemin de fer sur deux points, et on est entré en pourparlers avec les deux compagnies intéressées en vue d'obtenir d'elles un service direct jusqu'au terrain même. Il en est résulté que, dans le cas de l'une des deux compagnies, il fallait une nouvelle voie, et que dans le cas de l'autre il en fallait deux, et peut-être trois. En plus, les deux compagnies avaient à rechercher s'il ne leur serait pas possible de recevoir et d'amener à pied d'œuvre une certaine quantité de matériaux transportés par voie d'eau, mais après une étude attentive de la question on s'est rendu compte que la quantité de matériaux qui pourraient être ainsi amenés ne contribuerait pas très sensiblement à hâter la marche des travaux. Finalement, on a trouvé que la seule façon de se tirer d'affaire, c'était d'établir une jetée sur la Tamise (qui est à environ un mille au sud de la propriété) et de relier cette jetée avec la propriété par une nouvelle ligne de chemin de fer. La jetée a été construite et a rendu les plus grands services.

D'autre part, il fallait transporter les ouvriers entre leur lieu de résidence et les chantiers de Becontree, et *vice versa*. A supposer qu'on pût parvenir à loger soit sur les chantiers mêmes, soit dans le voisinage la moitié de la main-d'œuvre occupée, il était encore nécessaire de transporter de 4.000 à 6.000 ouvriers par jour. Interrogées à ce sujet, les deux compagnies de chemin de fer ont répondu qu'elles auraient à prendre des mesures spéciales pour assurer ce transport, attendu que leur service régulier était déjà taxé au delà de ses capacités.

Sur les autres propriétés aussi, on s'est heurté à des difficultés de transport. On a découvert, par exemple, que même quand on pouvait acheter des briques, on ne pouvait pas se procurer les wagons nécessaires à leur transport. Le résultat, c'est que le travail a été en bien des cas sérieusement retardé; et, surtout dans les premiers temps, les entrepreneurs avaient à compter avec la possibilité de ne pas pouvoir garder les quelques bons ouvriers qu'ils avaient réussi à attirer à leur service, faute d'avoir assez de matériaux pour les tenir occupés.

Ces difficultés, ainsi que celles qui étaient relatives aux matériaux et à la main-d'œuvre, étaient si considérables qu'il a fallu se livrer à une étude extraordinairement approfondie avant de pouvoir répondre à cette simple question : « Comment s'y prendre pour exécuter le travail, surtout dans le cas de la plus grande des propriétés du Conseil ? » A Becontree, on se proposait de convertir un terrain d'environ trois mille acres de superficie, occupé jusqu'alors surtout par des cultures maraîchères, en une ville de peut-être plus de cent mille âmes, pour laquelle il allait falloir bâtir dix-huit mille maisons d'habitation. Dans toute l'histoire du logement, il n'y a rien de comparable à un pareil projet. Même avant la guerre, à une époque où la main-d'œuvre et les matériaux étaient en abondance et où il était possible de bâtir des maisons sans s'exposer à des pertes financières, un projet de cette nature aurait présenté bien des difficultés. Or les suites de la guerre avaient décuplé ces premières difficultés, et on se heurtait en outre à de nouvelles difficultés non moins graves que les autres. Si l'on voulait transformer en un lieu habitable une aussi vaste étendue de terre encore intacte qu'en offrait Becontree, on était nécessairement conduit à entreprendre toute une série de travaux des plus considérables : il fallait, par exemple, construire des routes (les principales artères, à elles seules, devaient faire une longueur de douze milles et demi), installer un système d'égouts et une nouvelle usine au point d'arrivée des eaux de l'égout; et il fallait bâtir des maisons en même temps qu'on construisait la route, à cause de l'obligation où on était de fournir des logements à la population dans le plus bref délai possible.

En plus, il fallait tenir compte, dans les plans, de certains bâtiments qui n'étaient pas soumis au contrôle direct du « London County Council », par exemple : écoles primaires, écoles secondaires et spéciales, casernes de pompiers, bibliothèques publiques, postes de police, hôpitaux, infirmeries, hôtel de ville, tribunal du coroner, morgue, bains publics, magasins, sièges de sociétés scientifiques ou littéraires, lieux d'amusement, usines et ateliers.

Comment s'y prendre pour terminer une aussi vaste entreprise dans un délai de temps raisonnable ? Fallait-il répartir le travail entre plusieurs entrepreneurs, avoir recours à l'emploi direct de la main-d'œuvre, ou confier la besogne à un seul et unique entrepreneur ? Après avoir étudié de près chacune de ces méthodes, on s'est finalement arrêté à la dernière, comme étant la seule pratique.

L'avantage de s'en tenir à un unique entrepreneur devenait très clair quand on réfléchissait à l'importance qu'allaient prendre dans une aussi vaste entreprise la question des transports et celle d'une bonne répartition des matériaux. Un entrepreneur unique, en centralisant tout le système des achats, pouvait réaliser d'énormes économies du fait que toute concurrence disparaissait. De plus, on pouvait, dans ce cas, appliquer des méthodes par lesquelles on éviterait tout le désordre qui se produirait nécessairement si le travail était réparti entre plusieurs entrepreneurs libres d'agir, chacun de son côté, sous sa propre responsabilité.

Un entrepreneur unique, placé à la tête d'une entreprise aussi colossale, pouvait se rendre tout à fait indépendant à l'égard des fournisseurs habituels en ouvrages de charpente et de menuiserie et peut-être même à l'égard des fabricants de briques : il n'avait qu'à établir des ateliers de menuiserie, des fabriques de blocs de ciment, des forges et des briqueteries. Il pouvait installer des scieries mécaniques non loin de la Tamise. On pourrait amener directement par voie d'eau les pièces de bois à débiter et on ferait ainsi l'économie du profit des intermédiaires, tout en rendant libre une partie du matériel roulant des chemins de fer.

On pourrait installer à côté de la nouvelle jetée un magasin de réception et de livraison, par lequel on assurerait un contrôle sérieux de toutes les marchandises qui entreraient ou sortiraient, matières premières, bois de construction, produits finis tels que quincaillerie, encadrements et accessoires de fenêtres, etc.

Un bureau central, rompu à sa tâche et bien organisé, serait bien plus facile à diriger et bien moins coûteux qu'une foule de bureaux dépendant chacun d'un entrepreneur différent.

Un entrepreneur unique pourrait assurer tout le travail que réclamerait la construction des routes, des égouts, des magasins, des bureaux, etc.

De plus, il pourrait régler d'une façon satisfaisante la question des transports, et il serait plus facile au « London County Council » d'assurer aux ouvriers un traitement équitable, s'ils travaillaient sous un entrepreneur unique que si l'on avait affaire à plusieurs entrepreneurs, dont quelques-uns pourraient ne pas traiter leur personnel avec les ménagements désirables et créeraient peut-être ainsi un mécontentement qui se traduirait forcément par une diminution de rendement.

Après avoir procédé à un examen approfondi de toutes les méthodes possibles, on a décidé d'employer un entrepreneur unique non seulement à Becontree, mais encore à Bellingham, qui est, après Becontree, la propriété la plus étendue de toutes celles où le Conseil bâtit des maisons d'habitation. Je suis d'avis que l'adoption de cette méthode de procéder a été justifiée par les résultats obtenus.

La question de savoir comment il fallait procéder à l'égard des quartiers insalubres a, dès avant la guerre et pendant bien des années, exercé la perspicacité des gens qui s'intéressaient au problème du logement. Des remèdes variés avaient été suggérés, tous fort dignes d'attention, car ils s'inspiraient de la connaissance des choses et d'une expérience de la situation. Mais, ici encore, il est à peine besoin de faire remarquer que la guerre avait rendu le problème à la fois plus pressant et plus compliqué — si compliqué, à vrai dire, que les difficultés qui s'opposaient à une solution satisfaisante ont paru au premier abord presque insurmontables.

Il faut bien comprendre que le problème de l'élimination des blocs de maisons insalubres est un problème spécial, tout à fait distinct de celui qui consiste à construire assez de maisons pour remédier à la crise des logements. Comme on l'a déjà indiqué, le problème est très vaste, mais il est plus que cela, il est d'une singulière complexité. Une très large part de la population domiciliée dans les quartiers surpeuplés de Londres est constituée par des familles d'ouvriers, et ces ouvriers doivent de toute nécessité vivre près des endroits où ils travaillent de leur métier, par exemple les dockers, les différentes catégories d'ouvriers des transports, les hommes de peine des marchés, les travailleurs des services publics (gaziers, ouvriers de la Compagnie des eaux, agents de police, pompiers, facteurs, égoutiers et balayeurs). Par conséquent, une partie au moins de la population des quartiers surpeuplés doit rester là où elle se trouve ou dans le voisinage, et ce fait constituait une difficulté très réelle.

Naturellement, un certain nombre d'habitants de ces quartiers pourraient être logés en dehors de Londres, mais même alors ceux d'entre eux qui gagnent le pain de la famille auraient à se rendre à leur travail, et avant de se demander si on pourrait les loger à la lisière extrême des limites du comté, il fallait tout d'abord s'assurer qu'ils pourraient se rendre dans un délai de temps raisonnable de leur nouveau logement à leur travail, et *vice versa*. Les distances, bien entendu, sont trop considérables pour qu'on ait recours à la marche, car il faut aller à environ six à sept milles des principaux quartiers surpeuplés pour atteindre la campagne.

Le chemin de fer fournissait le seul moyen par lequel on pouvait transporter les travailleurs de Londres rapidement, économiquement et en quantités suffisantes, mais aux heures d'affluence les trains de banlieue étaient déjà bondés, et après un certain laps de temps il faudrait en outre assurer le transport des gens qui allaient habiter dans les maisons qu'on devait construire sur les propriétés du comté. Si les habitants des quartiers insalubres devaient également être installés sur de nouveaux terrains situés dans la banlieue, il devenait nécessaire d'ajouter des services additionnels de trains. Et cela non plus n'allait pas sans de très réelles difficultés. Il serait coûteux de construire de nouvelles lignes de chemin de fer, et on pouvait se demander si pendant une période de temps assez longue ces lignes rapporteraient assez pour justifier leur construction.

Mais à supposer qu'on se mît à construire les lignes de chemin de fer nécessaires, il faudrait probablement plusieurs années pour mener l'entreprise à bonne fin, alors qu'on aurait besoin de ces lignes dès l'achèvement des nouvelles maisons.

Une autre question relative au transfert de certains groupes de population jusque dans la banlieue était de savoir quel serait l'effet de ce déplacement sur la capitale même, telle qu'elle était alors constituée. Entre les quartiers du centre et la pleine campagne, il y a une épaisse barrière de maisons qui se prolonge pendant des milles. Si l'on continuait de bâtir à la périphérie, il faudrait interposer une zone circulaire plantée d'arbres ou toute une série d'espaces libres reliés entre eux par de larges boulevards, mais ici encore l'accroissement de la distance qui allait en résulter entre les nouvelles maisons et le centre de la ville devait forcément augmenter les difficultés de transport.

En présence de ces faits, le Conseil a dû, bon gré mal gré, en venir à la conclusion que, si les habitants des quartiers insalubres devaient être logés, ce ne pouvait être que dans les quartiers mêmes qu'on transformait ou dans un voisinage assez proche.

Quand on voulait procéder à la démolition d'un quartier insalubre, avant la guerre, on en faisait sortir tous les habitants et on le reconstruisait de fond en comble. Il y avait assez de maisons et de pièces vacantes dans le voisinage immédiat pour recevoir tous les locataires qu'on expulsait de leurs maisons, mais la crise des logements après la guerre n'a plus permis d'employer cette méthode, et on s'est rendu compte que, tant qu'on n'avait pas trouvé dans le quartier lui-même ou à proximité raisonnable du quartier un emplacement vacant pour y élever un premier bloc de maisons, il était impossible de commencer les travaux de démolition.

Malgré cette difficulté, le « London County Council » a déjà obtenu de grands résultats dans son entreprise d'assainissement des quartiers miséreux: on trouvera plus loin dans le présent article des détails à ce sujet. On peut encore mentionner ici que le Conseil a réussi tout dernièrement à acquérir une propriété située dans un quartier assez central, et qu'on s'occupe en ce moment d'y faire construire autant de maisons qu'on pourra : dès que ces maisons seront bâties, plusieurs blocs insalubres qui se trouvent dans le voisinage seront démolis.

II. — Exécution du programme du Conseil : résultats dès maintenant acquis

On pousse très activement, à l'heure qu'il est, l'exécution du programme, comme on pourra s'en rendre compte par les détails suivants :

Propriété de Old Oak.

Cette propriété, située dans l'ouest de Londres, a été acquise en mars 1905 au prix de 29.858 livres, ce qui faisait environ 550 livres par acre. La superficie en était alors d'à peu près 54 acres 1/4, mais il faut en déduire un chiffre de 8 acres, qui ont été vendus postérieurement au « Great Western Railway Company », à l'occasion de la construction par cette compagnie d'un embranchement local. La partie de la propriété qui est à l'ouest du chemin de fer a été utilisée dès avant la guerre pour la construction de maisons d'habitation.

On y a bâti alors 319 cottages. On n'a commencé à bâtir la partie située à l'est qu'après la guerre.

Cette partie de la propriété, où du reste les routes ont été construites et les égouts installés avant la guerre, a une superficie de 35,22 acres (y compris les routes), et sur ce total, 1,05 acre a été réservé pour les lieux de récréation, et 2,05 acres pour la construction d'une école primaire, ce qui laisse un chiffre de 32,12 acres (y compris les routes) pour les maisons.

Comme il a fallu se mettre à bâtir des maisons aussitôt qu'on l'a pu après la guerre, et que les plans de 187 maisons et de 2 magasins avaient été déjà préparés, le Conseil a décidé de bâtir des maisons du type d'avant-guerre, mais en y faisant installer une salle de bains et un service d'eau chaude.

La partie est de la propriété comprend 722 maisons et 2 magasins, soit une moyenne de 22,54 maisons par acre (y compris les routes), et elle loge environ 5.354 personnes. Les travaux sont maintenant terminés sur cette propriété.

Le tableau suivant indique la distribution des différentes catégories de maisons et le taux des loyers en chaque cas :

	LOYERS (TOUT COMPRIS)
235 maisons de 3 pièces....	de 13 shillings 3 pence à 15 shillings 3 pence
193 maisons de 3 pièces (avec petite chambre à coucher en plus)	de 15 shillings 3 pence à 17 shillings 2 pence
131 maisons de 4 pièces....	de 16 shillings 4 pence à 18 shillings 3 pence
163 maisons de 5 pièces....	de 19 shillings 1 pence à 22 shillings 2 pence
2 magasins, avec 5 pièces au-dessus.	
722 maisons et 2 magasins.	

Propriété de Norbury.

Cette propriété, qui est juste au delà de la limite sud-ouest du comté, a une superficie d'environ 30 acres. On a dû payer pour ce terrain une somme de 18.154 livres, tout compris, ce qui fait environ 600 livres par acre.

Avant la guerre, on avait utilisé environ 17 acres 1/4 de cette propriété pour y bâtir près de 500 maisons et 4 magasins, soit environ 29 maisons par acre.

L'utilisation, postérieure à la guerre, de 11 acres additionnels, résulte du programme établi à la fin de la guerre. La moitié des maisons sont du type d'avant-guerre, et l'autre moitié est d'un type moderne, plus spacieux et très amélioré. L'accroissement des dimensions et la modification du plan se remarquent tout de suite au fait que, pour la première moitié, on a pu faire tenir à peu près deux fois plus de maisons dans le même espace que pour la seconde moitié.

Voici des indications concernant les maisons bâties après la guerre :

60 cottages de trois pièces, loués à un prix allant de 18 shillings 9 pence à 19 shillings 7 pence par semaine, tout compris.

116 cottages de quatre pièces, loués à un prix allant de 20 shillings 5 pence à 22 shillings 6 pence par semaine, tout compris.

42 cottages de cinq pièces, loués à un prix allant de 23 shillings 4 pence à 24 shillings 5 pence par semaine, tout compris.

Propriété de White Hart Lane.

Cette propriété, qui s'étend au nord de Londres, a été acquise en 1901 au prix de 400 livres par acre. Elle comprenait deux parties, l'une au nord, d'une superficie de 49 acres, et l'autre au sud, d'une superficie de 177 acres. La première partie se prêtait mal à être utilisée pour des constructions, mais le propriétaire avait demandé au Conseil de prendre les deux parties. En 1911, le Gouvernement a autorisé la vente de la partie nord, mais elle n'a pas encore trouvé acquéreur, et pour le moment elle est louée et sert de terrain de jeux et de récréation. Environ 40 acres de la partie sud ont été bâtis avant la guerre. Voici le chiffre de maisons qu'on y trouve :

	337	maisons de 3 pièces.
	364	maisons de 4 pièces.
	262	maisons de 5 pièces.
	1	maison de médecin.
	5	magasins, chacun avec 5 pièces.
Total...	964	maisons et 5 magasins.

Le nombre de maisons par acre sur cette partie qui a été bâtie avant la guerre est d'environ 24.

La propriété est située dans un voisinage où on a cru qu'il était désirable de construire un certain nombre de maisons d'un type plus relevé. En conséquence, on a demandé et obtenu l'autorisation d'aménager ce qui restait de la partie sud sous forme de propriétés suburbaines, comprenant villa et jardin ; et le Conseil a reçu pleins pouvoirs pour établir les plans et utiliser le terrain à cet effet, ou pour vendre ou louer une partie quelconque de ce terrain aux mêmes fins d'utilisation, à condition toutefois que le Conseil s'abstînt de construire lui-même aucune maison qui ne fût pas destinée à des locataires de la classe ouvrière.

Le projet d'aménagement du terrain en propriétés suburbaines, comprenant villa et jardin, a été approuvé par le Gouvernement en août 1919. Le 30 mars 1920, le Conseil a consenti à vendre 30 acres de ce terrain. Ici, la construction n'a pas encore commencé, par suite de difficultés financières ; mais, à compter 12 cottages par acre, on pourrait en bâtir 360.

D'autres petites portions de la propriété ont été vendues pour être utilisées à des usages divers.

Une autre portion d'environ 20 acres a été réservée pour être vendue ou louée. Enfin, déduction faite d'emplacements destinés à des édifices publics et de terrains dont la destination n'a pas encore été fixée, il restait une superficie d'environ 60 acres où l'on devait bâtir des maisons pour la classe ouvrière. Le programme prévoyait la construction de 710 cottages ainsi répartis :

40 appartements de 2 pièces.
20 appartements de 3 pièces.
228 maisons de 3 pièces.
279 maisons de 4 pièces.
143 maisons de 5 pièces (dont 46 comprenant un petit salon).

710

Tous ces cottages ont été construits, et ils sont maintenant occupés. Sept acres de la propriété sont occupés par des lots de terrains à mettre en culture (allotments) ; près de 4 acres ont été laissés en espaces libres, et environ 3 acres sont pris par une route large de 100 pieds qui traverse la propriété.

Le nombre des maisons par acre dans cette partie de la propriété est d'environ 12.

Le Gouvernement a accepté, en principe, une proposition du Conseil, suivant laquelle différentes petites portions de la superficie réservée pour le moment aux lots de terrain à mettre en culture, seraient utilisées pour fournir des logements à environ 450 personnes qui doivent quitter l'un des quartiers insalubres. On se propose, à cet effet, d'élever des maisons de trois étages, comprenant un appartement par étage : le travail commencera sous peu.

Propriété de Becontree.

Cette propriété s'étend à l'est de Londres. Elle occupe une large superficie, — environ 3.000 acres, — et jusqu'à 1919, elle servait en très grande partie à la culture maraîchère.

Le terrain est à peu près plat, avec une légère pente du nord au sud.

Comme on l'a indiqué déjà, une jetée a été construite sur la Tamise pour faciliter le transport des matériaux amenés par voie d'eau. Cette jetée constitue le premier de toute une série de débouchés qui donneront un accès sur la rivière non seulement aux services de la propriété, mais encore aux usines et aux bâtiments industriels qu'on s'attend à voir construire sur le terrain situé immédiatement au nord de la rivière. Une large route reliera la jetée aux principales artères de la propriété.

Le Conseil veut créer de toutes pièces une ville nouvelle, ayant tous ses services propres, et c'est cette intention qui a guidé l'architecte dans l'établissement du plan d'ensemble. Naturellement, on a dû tenir grand compte aussi de la topographie du lieu ; ainsi, la propriété étant de forme à peu près circulaire, on a décidé que les édifices municipaux les plus importants seraient placés vers le centre, qu'une ceinture de larges routes serait établie à la périphérie, et que le centre serait relié à ces boulevards par des avenues de largeur égale. Ces routes, qui rayonnent du centre, sont distribuées de façon à assurer une communication directe avec les points les plus importants situés sur la propriété, et même au delà ; au nord, elles conduiront à une station qui existe déjà ; au sud-ouest, elles rejoindront le système de grandes artères dont le Gouvernement compte doter les comtés de l'est de l'Angleterre ; au sud-est, elles mèneront à la jetée de la Tamise et à une propriété voisine où l'on construit également des maisons d'habitation. On voit donc que le centre, qui s'appellera le « Centre civique », constitue une caractéristique très importante du plan d'ensemble.

Immédiatement au sud du Centre civique, il y avait un parc tout autour d'une ferme qui existe encore (Parsloes), et on a décidé de le conserver et d'en faire un parc public.

Comme la propriété est dans le voisinage immédiat du « Plus grand Londres », on a tenu à réserver une zone libre à l'ouest. On en réserve une autre le long de la partie sud de la propriété.

Certains emplacements du côté de l'est sont destinés à recevoir des bâtiments d'un caractère industriel. Une bande de terrain, courant de chaque côté des larges routes dont il a été question plus haut, sera occupée par des bâtiments commerciaux et des édifices municipaux d'importance secondaire. Le long d'une ligne de chemin de fer, qui coupe en deux la partie sud de la propriété, on a réservé l'emplacement d'une gare de marchandises, avec ses voies de garage. Enfin tout le reste de la propriété, à l'exception d'un emplacement vers le nord-est qui sera aménagé en terrain de récréation, sera utilisé pour y bâtir des maisons d'habitation.

Le plan général de mise en œuvre de la propriété prévoit la construction d'environ 18.000 maisons ouvrières devant loger plus de 100.000 personnes. On bâtit des cottages de dimensions et de types différents, et on prend soin de varier le plan et l'aspect de façon à éviter la monotonie et l'uniformité.

Certaines portions de terrains seront louées et on y bâtira des maisons destinées à d'autres personnes qu'à celles qui appartiennent à la classe ouvrière, et, d'autre part, on a réservé une série de lots de terrain à mettre en culture, quelques espaces libres ici et là, et enfin l'emplacement des édifices publics qui ont été mentionnés plus haut.

Pour faciliter la besogne, la propriété a été divisée en secteurs. Dans le premier secteur, les opérations approchent rapidement de leur terme, et le travail de construction se poursuit activement dans le second.

Secteur d'Ilford (n° 1)

Ce secteur est celui par lequel on a commencé l'aménagement de la propriété. Il a une superficie de 436 acres, et le terrain a été réparti de la façon suivante :

RÉPARTITION DU TERRAIN

	Acres
Emplacement des maisons	142
Portion réservée aux maisons non-ouvrières	25
Artère principale	24
Chemins d'accès	52
Terrain à louer pour entreprises commerciales (y compris emplacement pour un marché)	51
Emplacements pour des églises et trois écoles	10
Zone libre, pelouses, petits espaces libres	93
Lots de terrain à mettre en culture	21
Propriétés existant déjà sur le lieu et qui seront conservées	18
	436

DISTRIBUTION DES MAISONS

Il y a 2.901 maisons dans ce secteur, réparties suivant leurs dimensions dans les catégories suivantes :

	Maisons
Cottages de 6 pièces (cuisine-salle à manger, petit salon, 4 chambres à coucher)	142
Cottages de 5 pièces (cuisine-salle à manger, petit salon, 3 chambres à coucher)	573
Cottages de 4 pièces (cuisine-salle à manger et 3 chambres à coucher)	1.163
Cottages de 4 pièces (cuisine-salle à manger, petit salon et 2 chambres à coucher)	6
Cottages de 3 pièces (cuisine-salle à manger et 2 chambres à coucher)	877
Appartements de 3 pièces (cuisine-salle à manger et 2 chambres à coucher)	108
Appartements de 2 pièces (cuisine-salle à manger et 1 chambre à coucher)	32
	2.901

SUPERFICIE DES PIÈCES

La superficie des pièces est généralement calculée d'après les chiffres minimum indiqués comme désirables par le Gouvernement en 1919, à savoir :

	pieds carrés
Petit salon	120
Cuisine-salle à manger	160-180
Réduit contenant l'évier et la vaisselle	80
1re chambre à coucher	150

2e chambre à coucher	100
3e chambre à coucher	65
Réduit aux provisions	12-16
Réduit au charbon	15

La hauteur des pièces est de 8 pieds 6 pouces.

En plus de la cuisine-salle à manger et des chambres à coucher, chaque cottage contient un réduit pour l'évier et la vaisselle, une salle de bains, des cabinets d'aisance, un réduit au charbon et un réduit aux provisions bien aéré.

ACCÈS A L'ARRIÈRE DE LA MAISON

Dans 96 % des cottages, on peut accéder directement de la rue à l'arrière de la maison sans avoir besoin de traverser les pièces, ce qui permet d'enlever commodément les ordures ménagères et de faire aisément les provisions de combustible.

GAZ

Partout, sauf dans 200 maisons, on a réservé la possibilité de se procurer de l'eau chaude à l'aide d'un appareil à gaz qui supplémente ainsi la chaudière du fourneau de la cuisine. On a installé des réchauds à gaz dans chaque cottage et appartement, et des grilles à gaz dans la deuxième chambre de toutes les maisons où on n'a pas prévu le chauffage au charbon.

On a adopté partout l'éclairage au gaz ; on a bien songé un moment à l'électricité, mais des considérations d'économie ont fait renoncer à ce procédé.

CONSTRUCTION

Pour la construction des maisons, le facteur dominant a été le plus ou moins de facilité qu'on a eu à se procurer tels ou tels matériaux. Comme la brique était devenue rare, par suite des grands programmes de construction qui s'exécutaient d'un bout à l'autre du pays, on a été amené à examiner les différentes méthodes de construction qui sont fondées sur l'emploi du béton, et finalement à adopter quatre de ces méthodes, dont le fonctionnement sera expliqué plus bas. La présence de larges quantités de gravier sur toutes les parties du terrain a été d'un très grand secours ici ; une vaste fabrique de moellons en béton a été installée par les entrepreneurs, et environ 2.000 cottages ont été ainsi construits en béton.

EMPLOI DU BÉTON

Les méthodes adoptées sont connues sous le nom de systèmes « Fiddler », « Witan », « Winget » et « Dry-Wall ».

Dans le système « Fiddler », de larges moellons de béton, tout préparés, sont posés de champ l'un sur l'autre et à sec, de façon à former deux cloisons séparées par une cavité, et on comble cette cavité à l'aide d'une coulée de béton. Dans le système Winget, les moellons sont maçonnés et la cavité reste telle quelle. Dans les systèmes « Witau » et « Dry-Wall », le béton est coulé entre deux montants.

Les cloisons qui séparent les différentes pièces ont généralement été construites en mâchefer.

EMPLOI DE LA BRIQUE

Les 900 autres maisons du secteur d'Ilford ont été construites en briques, soit avec des murs creux de 11 pouces de largeur, soit avec des murs pleins de 9 pouces de largeur, avec un revêtement de crépi.

TOITURE

Pour la toiture, on a utilisé à la fois l'ardoise et la tuile, et on s'est procuré de nombreuses variétés de tuiles en différents endroits, notamment en Belgique et en France, ainsi que chez les fabricants ordinaires de Grande-Bretagne.

PARQUETS ET TOITS

Les parquets et les toits ont été faits en bois, sauf dans les appartements de deux et trois pièces, où on s'est servi du béton pour séparer les locataires du dessus de ceux du dessous.

Secteur de Dagenham (n° 2)

Le deuxième secteur, qu'on est en train d'aménager, est situé à l'angle sud-est de la propriété, sur la paroisse de Dagenham ; il fait partie du territoire administré par le Conseil du district rural de Romford, et il touche à la propriété de Romford, où l'on construit également des maisons d'habitations. On se propose de bâtir dans ce secteur 1.002 maisons sur un plan postérieur à celui qui a été appliqué aux constructions du secteur d'Ilford. Des considérations d'économie ont amené à préférer des types de maison d'une superficie légèrement moindre, mais cette réduction a été effectuée sans qu'on ait sacrifié quoi que ce soit des commodités et agréments qui sont considérés comme désirables, et même, à cette échelle réduite, les cottages sont plus spacieux que ceux qui ont été construits avant la guerre.

DISTRIBUTION DES MAISONS

Les maisons se répartissent dans les catégories suivantes :

5 pièces (cuisine-salle à manger, petit salon et 3 chambres à coucher).			204
4 pièces	—	— 2 —	212
4 pièces	—	et 3 chambres à coucher..........	253
3 pièces	—	et 2 —	281
3 pièces	—	et 2 —	32
2 pièces	—	et 1 —	20
			1.002

CONSTRUCTION

On n'a pas l'intention d'employer du tout le béton dans ce secteur, à moins qu'on ne puisse pas se procurer une quantité suffisante de briques à des prix raisonnables, et, dans ce cas, on s'est arrangé d'avance pour avoir recours à d'autres méthodes. A mon avis, il a été démontré que la brique convient mieux à la construction des cottages et que l'emploi en est de tout point plus satisfaisant.

CENTRE D'AFFAIRES

Le plan prévoit un groupe de magasins au sud du secteur, pour pourvoir aux besoins des locataires du Conseil et de la propriété de Romford.

BUREAU DES LOYERS

On installera sur un emplacement approprié un bureau où se fera la location des maisons et appartements, et où on paiera les loyers.

ESPACES LIBRES

Des emplacements sont réservés, pour être transformés en terrains de récréation, courts de tennis, etc.

Propriété de Bellingham

La propriété de Bellingham, dans le sud-est de Londres, comprend 2.090 maison et appartements, et elle représente une des plus vastes entreprises de ce genre qui, à l'aide des deniers publics et avec l'approbation du Gouvernement, ait été achevée jusqu'à maintenant.

La propriété a une superficie d'environ 252 acres ; elle est située à une distance approximative de 9 milles du centre de Londres, et elle a été acquise par le Conseil à un prix d'environ 200 livres par acre.

Le terrain a été réparti de la façon suivante :

	ACRES
Emplacement des maisons et dépendances..........	176,5
Emplacement réservé aux maisons non-ouvrières....	52,0
Cultures maraîchères, etc........................	23,5
	252,0

La partie occupée par les maisons ouvrières (176,5 acres) est desservie par trois gares de chemins de fer, ainsi que par des lignes de tramways et d'omnibus.

La partie du terrain réservée aux maisons ouvrières et dépendances est à son tour répartie ainsi qu'il suit :

	ACRES
Emplacement des maisons, y compris places publiques et quelques espaces libres de moindre importance	106,9
Routes (non compris les voies d'accès aux magasins)	30,8
Lots de terrain à mettre en culture et courts de tennis	15,0
Espace libre central	2,3
Espace libre au sud-ouest	1,4
Terrain de jeux	10,0
Emplacement de deux écoles	4,9
Emplacement d'une église, d'une chapelle et des édifices publics.	3,8
Emplacement des magasins, y compris les voies d'accès	1,4
Total	176,5

La densité est exprimée par les chiffres suivants :

a) Nombre de loyers par acre sur le terrain réservé aux maisons ouvrières et dépendances (176,5 acres)	11,84
b) Nombre de loyers par acre, déduction faite du terrain occupé par les écoles, l'église, la chapelle, les édifices publics et les magasins	12,56
c) Nombre de loyers par acre, déduction faite du terrain occupé par les lots à mettre en culture, les espaces libres, les écoles, l'église, la chapelle, les édifices publics et les magasins	15,17

SUPERFICIE DES PIÈCES

Voici quelle est la superficie des pièces :

Petit salon	120	pieds carrés
Cuisine-salle à manger	160 à 180	—
Réduit contenant évier et vaisselle	80	—
1re chambre à coucher	150	—
2e chambre à coucher	100	—
3e chambre à coucher	65	—
Réduit aux provisions	12 à 16	—
Réduit au charbon	15	—

Dimensions et

	MAISON DE 5 PIÈCES	MAISON DE 4 PIÈCES	MAISON DE 4 PIÈCES AVEC PETIT SALON
Nombre de maisons ...	399	1103	111
	Vestibule Petit salon Cuisine-salle à manger Evier Réduit aux provisions Réduit au charbon 3 chambres à coucher Salle de bain Cabinets Armoire au linge	Vestibule Cuisine-salle à manger Evier Réduit aux provisions Réduit au charbon 3 chambres à coucher Salle de bain Cabinets Armoire au linge	Vestibule Cuisine-salle à manger Petit salon Evier Placard aux provisions Réduit au charbon 2 chambres à coucher Salle de bain Cabinets Armoire au linge
Superficie moyenne des maisons ...	975 pieds carrés	865 pieds carrés	816 pieds carrés
Loyer moyen ..	16 shillings 6 pence	14 shillings 6 pence	15 shillings 6 pence
Impôts de l'Etat et taxes locales, en moyenne ...	5 shillings 10 pence	5 shillings	5 shillings
TOTAL	22 shillings 4 pence	19 shillings 6 pence	20 shillings 6 pence

La hauteur des pièces est de 8 pieds 6 pouces.

95 % des maisons ont une entrée par derrière, en outre de celle qui est sur le devant.

LOTS DE TERRAIN A METTRE EN CULTURE

Il y a 222 lots de terrain à mettre en culture, de 5 à 10 « rods » chacun (c'est-à-dire de 1 acre 1/4 à 2 acres 1/2). Ils sont loués à raison de deux shillings par « rod » et par an.

COURTS DE TENNIS

On a laissé de la place pour 26 courts de tennis.

ÉCOLES

Il y aura deux écoles primaires.

L'*école du Nord.* Elle est achevée. Elle peut recevoir 1.024 garçons, filles et enfants de l'école maternelle.

L'*école du Sud.* Elle pourra recevoir 1.024 élèves.

On a commencé la construction de la première partie, qui recevra 384 enfants de l'âge de l'école maternelle.

MAGASINS

On a réservé des emplacements pour 20 magasins.

distribution des maisons

MAISON DE 3 PIÈCES	APPARTEMENT DE 3 PIÈCES	APPARTEMENT DE 2 PIÈCES
186	156	132
Corridor Cuisine-salle à manger Evier Réduit aux provisions Réduit au charbon 2 chambres à coucher Salle de bain Cabinets Armoire au linge	Vestibule Cuisine-salle à manger Evier Réduit aux provisions Réduit au charbon 2 chambres à coucher Salle de bain Cabinets Armoire au linge	Vestibule Cuisine-salle à manger Evier Réduit aux provisions Réduit au charbon 1 chambre à coucher Salle de bain Cabinets Armoire au linge
767 pieds carrés	708 pieds carrés	571 pieds carrés
13 shillings 6 pence	11 shillings 6 pence	10 shillings
4 shillings 5 pence	3 shillings 3 pence	2 shillings 9 pence
17 shillings 11 pence	14 shillings 9 pence	12 shillings 9 pence

ÉGLISES

Des emplacements ont été loués pour la construction de deux églises .

CONSTRUCTION

Voici des détails relatifs à la construction :

Murs extérieurs : murs creux de 11 pouces d'épaisseur, avec revêtement de briques variées suivant les cas.

Cloisons : on a eu surtout recours au mâchefer.

Les parquets sont de bois.

Pour la toiture, on a employé des tuiles de Courtrai, de Marseille, de Van Eght, des tuiles anglaises et des ardoises du pays de Galles.

TEMPS OCCUPÉ PAR LA CONSTRUCTION

Le contrat pour la mise en œuvre de la propriété a été signé le 16 septembre 1920, et la dernière maison a été prête à être louée le 31 janvier 1923 : on a donc construit 2.090 maisons en 28 mois.

Propriété de Roehampton

Cette propriété, située au sud-ouest de Londres, a 147 acres de superficie et a été acquise en octobre 1919, au prix de 120.000 livres.

La partie nord du terrain, comprenant environ 94 acres, a été réservée par le Conseil pour la construction de maisons ouvrières.

Les emplacements sont ainsi répartis :

	ACRES
Maisons ouvrières	52
Ecoles, magasins, etc.	8
Routes, lots de terrain à mettre en culture, espaces libres	34
	94

Répartition du reste du terrain :

	ACRES
Emplacements réservés à des maisons non-ouvrières	34
Ecole secondaire	5
Eglise	1
Route et espaces libres	13
	53

DISTRIBUTION DES MAISONS

La première portion de la propriété, où le travail est achevé, comprend 624 cottages et maisonnettes, répartis dans les catégories suivantes :

Cottages de 3 pièces (cuisine-salle à manger et 2 chambres à coucher).	37
— de 4 pièces — et 3 —	222
— de 5 pièces — petit salon et 3 ch. à couch.).	271
Maisonnettes de 2 pièces (cuisine-salle à manger et 1 ch. à couch.).	66
— de 3 pièces — et 2 —	28
	624

LOYER ET TAXES MUNICIPALES

(JUILLET 1923)	LOYER	TAXES	TOTAL
Maison de 5 pièces.	18 shil. 6 pence	6 shil. 11 pence	25 shil. 5 pence
Maison de 4 pièces.	15 shil. 6 pence	5 shil. 11 pence	21 shil. 5 pence
Maison de 3 pièces.	14 shil. 6 pence	5 shil. 5 pence	19 shil. 11 pence
Appart[ts] de 3 pièces.	12 shil. 6 pence	4 shil. 9 pence	17 shil. 3 pence
Appart[ts] de 2 pièces.	11 shillings	4 shillings	15 shillings

ÉCOLES

Il y aura une école primaire, pouvant recevoir 996 élèves, répartis ainsi qu'il suit :

312 garçons
312 filles
372 enfants de l'âge de l'école maternelle

996

La partie réservée aux plus jeunes enfants est déjà achevée, et on y reçoit provisoirement 384 élèves, garçons et filles, appartenant aux classes de début de l'école primaire ou enfants de l'école maternelle.

Quand on a établi le plan d'ensemble de l'agglomération et

le plan particulier de chaque cottage, on s'est préoccupé tout spécialement de conserver le caractère agréable de l'endroit ; et les détails caractéristiques du paysage, ainsi que les plus beaux parmi les arbres, ont été retenus et raccordés dans la mesure du possible au plan général.

En vue de faire pénétrer le maximum de lumière dans les pièces principales, on a étudié avec beaucoup de soin le problème de la disposition générale des blocs de maisons et de leur orientation.

Un détail intéressant à relever, c'est qu'aux principaux carrefours on a établi un square avec une pelouse.

Pour donner l'impression d'un lieu ayant son unité bien à lui, on s'est arrangé, quand on l'a pu, pour qu'au bout d'une perspective la vue se repose sur un groupe de maisons présentant quelques traits caractéristiques, et l'effet ainsi obtenu sera encore plus marqué quand les arbustes et les arbres, qui font partie du plan d'ensemble, seront arrivés à pleine maturité.

Le plan général prévoit la construction, sur la propriété tout entière, d'environ 1.200 maisons, réparties en maisonnettes de deux et trois pièces, et en cottages de trois, quatre et cinq pièces.

Chacune des maisons qui ont été bâties sur la première portion de la propriété a une salle de bain (munie d'une cuvette, sauf dans le cas des cottages de trois pièces) avec cabinets, le tout entièrement séparé des autres pièces, un système de circulation d'eau chaude alimentant la salle de bain et l'évier, un endroit pour une voiture d'enfant ou une bicyclette.

Le travail a commencé sur la deuxième portion de la propriété ; on se propose d'y élever 531 cottages, répartis dans les catégories suivantes :

200	cottages	de 3 pièces (cuisine-salle à manger et 2 chambres à coucher)
108	—	de 4 pièces (cuisine-salle à manger et 3 chambres à coucher)
171	—	de 4 pièces (cuisine-salle à manger, petit salon et 2 chambres à coucher)
52	—	de 5 pièces (cuisine-salle à manger, petit salon et 3 chambres à coucher)
531		

Les plans prévoient une nouvelle série de types de maisons où l'on a tenu compte des nécessités économiques actuelles ; l'espace superflu a été éliminé, et au lieu d'installer tout un système de circulation d'eau chaude, on envoie l'eau chaude de la chaudière du réduit de l'évier dans la salle de bain au moyen d'une pompe à roue ou d'un dispositif à siphon.

Un contrat a été passé pour la construction de 168 maisons, et ces maisons sont en train de se bâtir.

Voici quelle est la superficie des différentes pièces :

Pièces	Maisons de 3 pièces		Maisons de 4 pièces sans petit salon			Maisons de 4 pièces avec petit salon
	Type A	Type A 2	Type B	Type B 2	Type B 4	Type E
	Pieds carrés	Pieds carrés	Pieds carrés	Pieds carrés	Pieds carrés	Pieds carrés
Cuisine-salle à manger....	160	160	160	180	160	163
Petit salon	—	—	—	—	—	103
Chambre à coucher n° 1...	159	175	147	150	150	151
Chambre à coucher n° 2...	116	125	95	102	100	100
Chambre à coucher n° 3...	—	—	63	65	65	—

On a reçu des soumissions d'entrepreneurs pour les 363 cottages qui restent à bâtir, et on est en train de les examiner.

QUARTIERS INSALUBRES

Voici des détails au sujet des quartiers insalubres où se poursuivent des travaux d'assainissement :

Propriété du Jardin Tabard

Cette propriété, située au sud-est de Londres, comprenait les terrains de la rue Tabard (Tabard Street), qui ont une superficie de 14,3 acres et renferment 649 maisons habitées par une population de 3.552 personnes, — les terrains de la rue Grotto (Grotto Place), qui ont une superficie de 1,6 acre et renferment 138 maisons habitées par une population de 567 personnes, — et les terrains de la ruelle Crosby (Crosby Row), avec une superficie d'environ 1,1 acre, 88 maisons et une population de 474 personnes. Le projet de reconstruction a été approuvé par le Gouvernement le 13 mars 1912, par application du titre Ier de la loi de 1890 sur les logements. Le décret du 13 mars stipule qu'on établira sur les terrains de la rue Tabard : 1° des logements pour un nombre de locataires qui ne doit pas être inférieur à 2.580 ; 2° des dépôts pouvant contenir autant de petites voitures de revendeurs qu'il en faut, dans l'opinion du Gouvernement, pour satisfaire aux besoins des marchands ambulants. La démolition des zones condamnées se fait par secteurs, au fur et à mesure que les nouvelles maisons sont achevées. La partie centrale des terrains de la rue Tabard, qui a environ 5 acres de superficie, sera transformée en place publique.

On établit des rues de chaque côté de cette place : deux de ces rues sont entièrement nouvelles et deux autres ne sont qu'un élargissement d'anciennes rues. Les maisons sont orientées de façon à faire face à la place publique. Le reste des terrains de la rue Tabard et la totalité des deux autres terrains plus petits seront utilisés en vue d'autres projets que celui des logements ouvriers spécifiés par le plan de reconstruction du quartier.

Nous allons énumérer les nouveaux bâtiments qui ont été élevés sur les terrains en question.

« *Chaucer House* » renferme 120 appartements habités par 620 personnes (sur le pied de deux personnes par pièce habitable). Le bâtiment est d'un type antérieur à la guerre. Il a été complété en 1916-17. Les appartements se répartissent dans les catégories suivantes :

60	appartements	de 2	pièces
50	—	de 3	pièces
10	—	de 4	pièces
120			

« *Becket House* » comprend 90 appartements, pouvant loger 500 personnes, avec, en chaque cas, une baignoire dans le réduit de l'évier et avec des pièces plus grandes. La maison a été achevée en juin 1921. Les appartements sont répartis dans les catégories suivantes :

44	appartements	de 2	pièces
24	—	de 3	pièces
20	—	de 4	pièces
2	—	de 5	pièces
90			

La soumission de l'entrepreneur qui a été chargé du travail se montait à 62.944 livres. Chaque pièce, y compris les dépenses de toute nature, revient à environ 260 livres.

« *Geoffrey House* » a été achevé en avril 1922 et comprend 54 appartements pouvant loger 300 personnes. Le bâtiment est d'un type postérieur à la guerre et où on a introduit des améliorations : c'est ainsi qu'il y a des salles de bain indépendantes et que toutes les pièces ouvrent sur le corridor d'entrée. On a installé un ascenseur électrique. Les appartements sont ainsi répartis :

24	appartements	de 2	pièces
20	—	de 3	pièces
8	—	de 4	pièces
2	—	de 5	pièces
54			

La soumission acceptée se montait à 55.678 livres. Chaque pièce, y compris les dépenses de toute nature, revient à environ 390 livres.

« *Harbledown House* » ressemble à Geoffrey House, mais n'a pas d'ascenseur. Le bâtiment renferme 38 appartements pouvant loger 230 personnes et a été achevé en octobre 1922. Les appartements sont ainsi répartis :

12	appartements	de	2 pièces
18	—	de	3 pièces
3	—	de	4 pièces
5	—	de	5 pièces
38			

La soumission acceptée se montait à 29.302 livres, y compris 2.024 pour des ateliers et le cottage du Directeur.

Chaque pièce, y compris les dépenses de toute nature, revient à 236 livres.

« *Rochester House* » est maintenant achevé et contient 42 appartements pouvant loger 260 personnes. La répartition est ainsi faite :

6	appartements	de	5 pièces
4	—	de	4 pièces
20	—	de	3 pièces
12	—	de	2 pièces
42			

La soumission acceptée se montait à 23.332 livres. Chaque pièce, y compris les dépenses de toute nature, revient environ à 181 livres.

« *Huberd House* » est en cours de construction et contiendra 38 appartements pouvant loger 214 personnes et ainsi répartis :

2	appartements	de	5 pièces
4	—	de	4 pièces
17	—	de	3 pièces
15	—	de	2 pièces
38			

La soumission acceptée se monte à 18.117 livres. Chaque pièce, y compris les dépenses de toute nature, reviendra à 170 livres.

« *Tabard House* » contiendra environ 42 appartements pouvant loger 256 personnes. On n'a pas encore commencé les travaux. Les appartements seront répartis ainsi qu'il suit :

5	appartements	de	5 pièces
4	—	de	4 pièces
21	—	de	3 pièces
12	—	de	2 pièces
42			

En plus des groupes d'appartements qu'on vient d'énumérer, le plan général prévoit la construction de 25 cottages, toujours dans la partie centrale du quartier, mais un peu à l'écart des autres bâtiments.

TABLEAU RÉCAPITULATIF

	Nombre des appartements	Nombre des locataires
Chaucer House (achevé en 1916-17)...........	120	620
Becket House (achevé en mars 1921)..........	90	500
Geoffrey House (achevé en avril 1922)........	54	300
Harbledown House (achevé en octobre 1922)..	38	230
Rochester House (achevé en mai 1923).......	42	260
Huberd House (commencé en octobre 1922)....	38	214
Tabard House (non encore commencé)........	42	256
	424	2.380
1 cottage (Harbledown House)................		8
24 — sur un emplacement un peu à l'écart		192
		2.580

Propriété de Collingwood
Terrains de la rue Brady (Brady Street)
(Est de Londres)

Dès 1912, des représentations officielles étaient faites au Conseil, conformément aux dispositions du titre Ier de la loi de 1890 sur les logements, au sujet des terrains de la rue Brady, qui s'étendent sur une surface d'environ 7 acres; mais par suite des restrictions imposées par le Gouvernement pendant la guerre, il a été impossible de prendre une décision à cet égard avant 1920. Le 10 février de cette année-là, le Conseil a consenti à entreprendre l'exécution d'un plan qui comportait le déplacement de 1875 personnes, et à fournir des logements, en partie sur le lieu même des démolitions, en partie sur des emplacements situés ailleurs, à une population de 1.800 personnes. Le coût de l'opération, y compris l'acquisition des terrains à assainir et des emplacements destinés à recevoir les locataires des maisons démolies, y compris aussi l'établissement des rues, etc., mais non compris la construction des habitations, est évalué à une somme de 101.000 livres sterlings. On doit assurer des logements à 1.865 personnes.

Le premier bâtiment qui a été construit est connu sous le nom de « Whiston House » ; il se trouve sur un des emplacements situés en dehors du quartier démoli. Il est complètement achevé. Les logements y sont répartis de la façon suivante :

3	appartements	de 5 pièces	=	15 pièces	logeant	30	personnes
3	—	de 4 pièces	=	12 pièces	—	24	—
6	—	de 3 pièces	=	18 pièces	—	36	—
12				45		90	

Le second bâtiment, connu sous le nom de « Bullen House », est en cours de construction. C'est le premier groupe d'appartements élevé sur l'emplacement même du quartier démoli. Les logements y seront répartis ainsi :

8 appartements	de 4 pièces	=	32 pièces	logeant	64 personnes
31 —	de 3 pièces	=	93 pièces	—	186 —
6 —	de 2 pièces	=	12 pièces	—	24 —
45			137		274

Tableau récapitulatif montrant le nombre de maisons et d'appartements achevés et de personnes logées au 31 juillet 1923 :

	Nombre de maisons ou d'appartements	Nombre de personnes
Becontree	2.894	21.984
Bellingham	2.090	15.579
White Hart Lane	710	5.357
Norbury	218	1.699
Old Oak	724	5.215
Rochampton	624	4.871
Jardin Tabard	224	1.290
Collingwood	12	90
	7.496	56.085

En conclusion, on peut dire que, pour parer à une situation qui résultait de la guerre, une association financière a été conclue en 1919 entre le Gouvernement impérial et les autorités locales, y compris le Conseil du comté de Londres (« London County Council), en vue de résoudre le problème des logements, l'Etat s'engageant à supporter sa part de toute perte qui pourrait être subie. En vertu du plan de secours le plus récent, l'Etat accorde, pendant une période de vingt ans, une somme qui ne dépassera pas 6 livres par an pour chaque maison bâtie. Le plan prévoit également que l'appui financier de l'Etat sera accordé non seulement aux autorités locales, mais aussi aux entreprises privées de construction, et on espère par ce moyen remédier très notablement à la crise actuelle des logements ouvriers. On a pris des mesures pour inviter entrepreneurs, sociétés de construction et autres à soumettre des propositions définies, car on pense qu'avec une coopération de ce genre on a plus de chances de pourvoir aux besoins du moment. On aimerait obtenir que le travail de construction se poursuive sur les propriétés du Conseil par le jeu simultané des deux méthodes, et que d'autre part les particuliers qui possèdent des emplacements appropriés se mettent à l'œuvre de leur côté aussi.

En attendant, on travaille à toute allure sur les propriétés du Conseil, et le dernier des terrains compris dans le programme original, à savoir Grove Park (qui sera connu désormais sous le nom de « Downham ») va être aménagé à son tour. Downham a une superficie de 125 acres, et va être occupé par des maisons d'habitation, à la réserve de quelques emplacements où on construira les édifices publics.

On voit donc que le « London County Council » n'a pas peu contribué à la solution de la crise des logements, et qu'il a fait faire aussi un grand pas à l'œuvre de reconstruction des quartiers insalubres. Les maisons sont d'un type supérieur à celui d'avant-guerre : chacune a son jardin, et beaucoup d'entre elles sont accompagnées d'un lot de terrain à cultiver.

Enfin le plan d'aménagement des propriétés a été établi de façon à assurer aux habitants les meilleures conditions de salubrité. On a eu la même préoccupation quand on a bâti les écoles sur les terrains récemment construits ; on les a installées de façon à utiliser les résultats des dernières recherches relatives à l'importance de l'air frais pour le développement de l'enfant.

G. Topham FORREST.

ANNÉE 1922-1923

Table alphabétique des noms d'auteurs

Ce numéro a été composé et tiré par des ouvriers syndiqués.

NIORT. — IMP. TH. MARTIN. *Le Directeur-Gérant*, Edgard MILHAUD.

15e Année | Nos 166-169 | Février-Mai 1923

LES ANNALES DE LA RÉGIE DIRECTE

REVUE INTERNATIONALE
DES SERVICES ÉCONOMIQUES PUBLICS

Paraissant tous les mois.

Directeur :

Edgard MILHAUD

Professeur d'économie politique à l'Université de Genève

SOMMAIRE :

Abonnement pour tous pays : Un an, 25 francs suisses.

L'Année de la Revue commence en Novembre et les Abonnements partent de Novembre

DIRECTION ET RÉDACTION
8, Rue Saint-Victor, 8

ADMINISTRATION
6, Rue Pécolat, 6

GENÈVE

ARTICLES PUBLIÉS DANS LES QUATORZE PREMIÈRES ANNÉES

1908 (Novembre)-1922 (Octobre)

classés par noms d'auteurs

Première Année (1908-1909)

ALIBERT (Marius) : La régie directe des pompes funèbres à Agen. — BOUVIER (Emile) : De la nécessité d'une loi française sur les régies municipales. — Le domaine illimité de la municipalisation. — BRUNET (Frédéric) : Les régies directes coopératives. — COMPÈRE-MOREL : Vers les régies rurales. — Dr ENSCH (N.) : L'hygiène publique et la régie du lait. — Inspection ou régie du lait ? — Expériences et projets de régie du lait. — FERRETTI (J.-E.) : La commandite égalitaire de l'Imprimerie Nationale française. — Dr FORBATH (Emeric) : La construction de maisons locatives par l'Etat et par la Ville à Budapest. — FOURNIÈRE (Eugène) : Les syndicats de fonctionnaires. — GITERMANN (M.) : La productivité des entreprises municipales. — HERRIOT (Edouard) : La mise en régie du service des eaux à Lyon et ses résultats. — La condition du personnel de la Ville de Lyon. — MARBEL (Edouard) : L'octroi de Saint-Rémy-de-Provence et la régie. — MENKÈS (W.) : Chronique (informations sur la Russie). — MILHAUD (Edgard) : Notre programme. — Nouvelles conventions avec l'Ouest et l'Orléans : un triomphe des Compagnies. — L'affaire de l'Ouenza et la régie directe. — Le chèque postal en Suisse. — Les résultats de la municipalisation du gaz et de l'électricité à Genève. — Les boucheries communales en Allemagne. — La poste, régie nationale et régie mondiale. — Chronique et Bibliographie dans chaque numéro. — NUSSBAUM (Charles) : Le chèque postal international. — PARKER (James) : L'électricité à Londres et la récente législation. — SCHIAVI (Alessandro) : La régie directe de l'affichage à Milan. — La pharmacie municipale de Reggio-Emilia. — Les cantines scolaires municipales de Milan. — La municipalisation des services publics à Rome. — SEIDEL (Robert) : Le monopole des céréales en Suisse. — SEMBAT (Marcel) : L'organisation du contrôle du public. — A propos de la grève des Postes. — SIGG (Jean) : Le travail dans les services industriels de la ville de Zurich. — TARBOURIECH (Emile) : La crise viticole en France et ses remèdes : un trust coopératif et le monopole de l'alcool. — TUROT (Henri) : La régie du café. — VEBER (Adrien) : Le mouvement social contemporain et la municipalisation des services publics. — VINON (Emile) : Les cantines communales en Belgique. — Les cantines communales et le droit de l'enfant.

Deuxième Année (1909-1910)

ALEXINSKY (Grégoire) : Les conditions du travail des ouvriers municipaux en Russie. — BOUHEY-ALLEX : La caisse départementale d'assurance contre l'incendie de la Côte-d'Or. — BUISSON (Etienne) : La régie des eaux, du gaz, de l'électricité et des tramways à Munich. — Les régies immobilières, commerciales, alimentaires et sanitaires de la Ville de Munich. — DESAGHER (Louis) : L'abattoir communal de Coudekerque-Branche. — Dr ENSCH (N.) : Le rendement des édifices publics. — Dr FORBATH (Emeric) : La boulangerie municipale de Budapest. — La boulangerie municipale de Budapest et son action sur le prix du pain. — GITERMANN (Marcus) : Réponse aux objections contre le municipalisme. — La révolution électrotechnique et la socialisation de la houille blanche. — LINDEMANN (Hugo) : La régie communale du gaz en Allemagne. — MILHAUD (Edgard) : La municipalisation du gaz à Bruxelles, à Saint-Gilles-lez-Bruxelles et à Gand. — La nationalisation de l'assurance contre l'incendie en Suisse. — La municipalisation et les finances communales. — La régie des eaux, du gaz, de l'électricité et des tramways à Fribourg-en-Brisgau. — Les résultats de la municipalisation des tramways à Manchester. — La municipalisation du placement et ses résultats en Allemagne. — La *Bibliothèque de la Régie Directe*. — La régie du théâtre à Fribourg-en-Brisgau. — La régie directe au village : Les propriétés et exploitations de la commune de Bassins. — La régie directe au village : Les propriétés et exploitations de la commune de Burtigny. — Le premier Congrès des régies municipales italiennes. — La régie directe au village : Les propriétés et exploitations de la commune de Givrins. — Les accidents de chemins de fer sur les réseaux privés et sur les réseaux d'Etat. — Chronique et Bibliographie dans chaque numéro. — NEURATH (Otto) : Les moyens de transport dans les villes et leurs possibilités d'évolution. — SCHIAVI (Alessandro) : Quelques régies de la Ville de Milan. — Le problème des habitations à Milan et l'action de la commune. — Statistique des régies municipales en Italie. — SPEISER (Paul) : Une entreprise intercantonale : la Société des Salines Suisses du Rhin réunies. — TANGER (Albert) : La municipalisation des pompes funèbres en France. — TARBOURIECH (Ernest) : La régie directe et l'agriculture. — VINCK (Emile) : La régie des élévateurs à Anvers. — YOVANOVITCH (Kosta) : Les entreprises d'Etat en Serbie.

Troisième Année (1910-1911)

BERNARD (Marcel) : La régie directe dans les prisons de France. — BOUVIER (Emile) : Les chemins de fer de l'Etat au Japon. — BUISSON (Etienne) : La régie du gaz à Remscheid. — La régie des eaux à Remscheid. — Le monopole des assurances en Italie. — Les régies immobilières, sanitaires et financières de Remscheid. — DULAC (Albert) : La reconstitution des biens communaux en Prusse. — LABARBE (Henri) : La régie directe à Mont-de-Marsan : eaux, octroi, plaçage, abattoir, éclairage. — LINDEMANN (Hugo) : Les établissements publics d'assurance contre l'incendie en Allemagne. — MILHAUD (Edgard) : La situation des cheminots de l'Etat Suisse et de la Com-

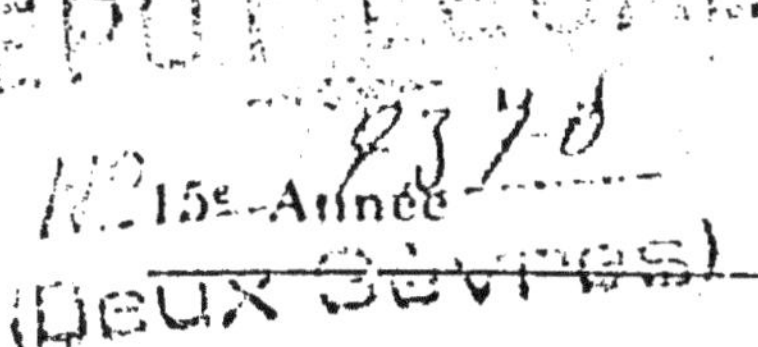

15e Année | N° 170 | Juin 1923

LES ANNALES

DE LA

RÉGIE DIRECTE

REVUE INTERNATIONALE
DES SERVICES ÉCONOMIQUES PUBLICS

Paraissant tous les mois.

Directeur :

Edgard MILHAUD

Professeur d'économie politique à l'Université de Genève

SOMMAIRE :

Chronique :

Abonnement pour tous pays : Un an, 25 francs suisses.

L'Année de la Revue commence en Novembre et les Abonnements partent de Novembre

DIRECTION ET RÉDACTION
8, Rue Saint-Victor, 8

ADMINISTRATION
6, Rue Pécolat, 6

GENÈVE

1908 (Novembre)-1923 (Mai)
classés par noms d'auteurs

Première Année (1908-1909)

ALIBERT (Marius) : La régie directe des pompes funèbres à Agen. — BOUVIER (Emile) : De la nécessité d'une loi française sur les régies municipales. — Le domaine illimité de la municipalisation. — BRUNET (Frédéric) : Les régies directes coopératives. — COMPÈRE-MOREL : Vers les régies rurales. — Dr ENSCH (N.) : L'hygiène publique et la régie du lait. — Inspection ou régie du lait ? — Expériences et projets de régie du lait. — FERRETTI (J.-E.) : La commandite égalitaire de l'Imprimerie Nationale française. — Dr FORBATH (Emeric) : La construction de maisons locatives par l'Etat et par la Ville à Budapest. — FOURNIÈRE (Eugène) : Les syndicats de fonctionnaires. — GITERMANN (M.) : La productivité des entreprises municipales. — HERRIOT (Edouard) : La mise en régie du service des eaux à Lyon et ses résultats. — La condition du personnel de la Ville de Lyon. — MARREL (Edouard) : L'octroi de Saint-Rémy-de-Provence et la régie. — MENKÈS (W.) : Chronique (informations sur la Russie). — MILHAUD (Edgard) : Notre programme. — Nouvelles conventions avec l'Ouest et l'Orléans : un triomphe des Compagnies. — L'affaire de l'Ouenza et la régie directe. — Le chèque postal en Suisse. — Les résultats de la municipalisation du gaz et de l'électricité à Genève. — Les boucheries communales en Allemagne. — La poste, régie nationale et régie mondiale. — Chronique et Bibliographie dans chaque numéro. — NUSSBAUM (Charles) : Le chèque postal international. — PARKER (James) : L'électricité à Londres et la récente législation. — SCHIAVI (Alessandro) : La régie directe de l'affichage à Milan. — La pharmacie municipale de Reggio-Emilia. — Les cantines scolaires municipales de Milan. — La municipalisation des services publics à Rome. — SEIDEL (Robert) : Le monopole des céréales en Suisse. — SEMBAT (Marcel) : L'organisation du contrôle du public. — A propos de la grève des Postes. — SIGG (Jean) : Le travail dans les services industriels de la ville de Zurich. — TARBOURIECH (Emile) : La crise viticole en France et ses remèdes : un trust coopératif et le monopole de l'alcool. — TUROT (Henri) : La régie du café. — VEBER (Adrien) : Le mouvement social contemporain et la municipalisation des services publics. — VINON (Emile) : Les cantines communales en Belgique. — Les cantines communales et le droit de l'enfant.

Deuxième Année (1909-1910)

ALEXINSKY (Grégoire) : Les conditions du travail des ouvriers municipaux en Russie. — BOUHEY-ALLEX : La caisse départementale d'assurance contre l'incendie de la Côte-d'Or. — BUISSON (Etienne) : La régie des eaux, du gaz, de l'électricité et des tramways à Munich. — Les régies immobilières, commerciales, alimentaires et sanitaires de la Ville de Munich. — DESAGHER (Louis) : L'abattoir communal de Coudekerque-Branche. — Dr ENSCH (N.) : Le rendement des édifices publics. — Dr FORBATH (Emeric) : La boulangerie municipale de Budapest. — La boulangerie municipale de Budapest et son action sur le prix du pain. — GITERMANN (Marcus) : Réponse aux objections contre le municipalisme. — La révolution électrotechnique et la socialisation de la houille blanche. — LINDEMANN (Hugo) : La régie communale du gaz en Allemagne. — MILHAUD (Edgard) : La municipalisation du gaz à Bruxelles, à Saint-Gilles-lez-Bruxelles et à Gand. — La nationalisation de l'assurance contre l'incendie en Suisse. — La municipalisation et les finances communales. — La régie des eaux, du gaz, de l'électricité et des tramways à Fribourg-en-Brisgau. — Les résultats de la municipalisation des tramways à Manchester. — La municipalisation du placement et ses résultats en Allemagne. — La *Bibliothèque de la Régie Directe.* — La régie du théâtre à Fribourg-en-Brisgau. — La régie directe au village : Les propriétés et exploitations de la commune de Bassins. — La régie directe au village : Les propriétés et exploitations de la commune de Burtigny. — Le premier Congrès des régies municipales italiennes. — La régie directe au village : Les propriétés et exploitations de la commune de Givrins. — Les accidents de chemins de fer sur les réseaux privés et sur les réseaux d'Etat. — Chronique et Bibliographie dans chaque numéro. — NEURATH (Otto) : Les moyens de transport dans les villes et leurs possibilités d'évolution. — SCHIAVI (Alessandro) : Quelques régies de la Ville de Milan. — Le problème des habitations à Milan et l'action de la commune. — Statistique des régies municipales en Italie. — SPEISER (Paul) : Une entreprise intercantonale : la Société des Salines Suisses du Rhin réunies. — TANGER (Albert) : La municipalisation des pompes funèbres en France. — TARBOURIECH (Ernest) : La régie directe et l'agriculture. — VINCK (Emile) : La régie des élévateurs à Anvers. — YOVANOVITCH (Kosta) : Les entreprises d'Etat en Serbie.

Troisième Année (1910-1911)

BERNARD (Marcel) : La régie directe dans les prisons de France. — BOUVIER (Emile) : Les chemins de fer de l'Etat au Japon. — BUISSON (Etienne) : La régie du gaz à Remscheid. — La régie des eaux à Remscheid. — Le monopole des assurances en Italie. — Les régies immobilières, sanitaires et financières de Remscheid. — DULAC (Albert) : La reconstitution des biens communaux en Prusse. — LABARBE (Henri) : La régie directe à Mont-de-Marsan : eaux, octroi, plaçage, abattoir, éclairage. — LINDEMANN (Hugo) : Les établissements publics d'assurance contre l'incendie en Allemagne. — MILHAUD (Edgard) : La situation des cheminots de l'Etat Suisse et de la Compagnie P.-L.-M. — La régie directe au village : Les propriétés et exploitations de la commune de Vinzel. — La régie de l'électricité à Genève et les réductions de tarifs. — L'exploitation privée et la régie directe des tramways

15e Année Nos 171-173 Juillet-Sept. 1923

LES ANNALES
DE LA
RÉGIE DIRECTE

REVUE INTERNATIONALE
DES SERVICES ÉCONOMIQUES PUBLICS

Paraissant tous les mois.

Directeur :

Edgard MILHAUD

Professeur d'économie politique à l'Université de Genève

SOMMAIRE :

Chronique :

Abonnement pour tous pays : Un an, 25 francs suisses.

L'Année de la Revue commence en Novembre et les Abonnements partent de Novembre

DIRECTION ET RÉDACTION
8, Rue Saint-Victor, 8

ADMINISTRATION
6, Rue Pécolat, 6

GENÈVE

ARTICLES PUBLIÉS DANS LES QUINZE PREMIÈRES ANNÉES
1908 (Novembre)-1923 (Juin)
classés par noms d'auteurs

Première Année (1908-1909)

ALIBERT (Marius) : La régie directe des pompes funèbres à Agen. — BOUVIER (Emile) : De la nécessité d'une loi française sur les régies municipales. — Le domaine illimité de la municipalisation. — BRUNET (Frédéric) : Les régies directes coopératives. — COMPÈRE-MOREL : Vers les régies rurales. — Dr ENSCH (N.) : L'hygiène publique et la régie du lait. — Inspection ou régie du lait ? — Expériences et projets de régie du lait. — FERRETTI (J.-E.) : La commandite égalitaire de l'Imprimerie Nationale française. — Dr FORBATH (Emeric) : La construction de maisons locatives par l'Etat et par la Ville à Budapest. — FOURNIÈRE (Eugène) : Les syndicats de fonctionnaires. — GITERMANN (M.) : La productivité des entreprises municipales. — HERRIOT (Edouard) : La mise en régie du service des eaux à Lyon et ses résultats. — La condition du personnel de la Ville de Lyon. — MARREL (Edouard) : L'octroi de Saint-Rémy-de-Provence et la régie. — MENKÈS (W.) : Chronique (informations sur la Russie). — MILHAUD (Edgard) : Notre programme. — Nouvelles conventions avec l'Ouest et l'Orléans : un triomphe des Compagnies. — L'affaire de l'Ouenza et la régie directe. — Le chèque postal en Suisse. — Les résultats de la municipalisation du gaz et de l'électricité à Genève. — Les boucheries communales en Allemagne. — La poste, régie nationale et régie mondiale. — Chronique et Bibliographie dans chaque numéro. — NUSSBAUM (Charles) : Le chèque postal international. — PARKER (James) : L'électricité à Londres et la récente législation. — SCHIAVI (Alessandro) : La régie directe de l'affichage à Milan. — La pharmacie municipale de Reggio-Emilia. — Les cantines scolaires municipales de Milan. — La municipalisation des services publics à Rome. — SEIDEL (Robert) : Le monopole des céréales en Suisse. — SEMBAT (Marcel) : L'organisation du contrôle du public. — A propos de la grève des Postes. — SIGG (Jean) : Le travail dans les services industriels de la ville de Zurich. — TARBOURIECH (Emile) : La crise viticole en France et ses remèdes : un trust coopératif et le monopole de l'alcool. — TUROT (Henri) : La régie du café. — VEBER (Adrien) : Le mouvement social contemporain et la municipalisation des services publics. — VINON (Emile) : Les cantines communales en Belgique. — Les cantines communales et le droit de l'enfant.

Deuxième Année (1909-1910)

ALEXINSKY (Grégoire) : Les conditions du travail des ouvriers municipaux en Russie. — BOUHEY-ALLEX : La caisse départementale d'assurance contre l'incendie de la Côte-d'Or. — BUISSON (Etienne) : La régie des eaux, du gaz, de l'électricité et des tramways à Munich. — Les régies immobilières, commerciales, alimentaires et sanitaires de la Ville de Munich. — DESAGHER (Louis) : L'abattoir communal de Coudekerque-Branche. — Dr ENSCH (N.) : Le rendement des édifices publics. — Dr FORBATH (Emeric) : La boulangerie municipale de Budapest. — La boulangerie municipale de Budapest et son action sur le prix du pain. — GITERMANN (Marcus) : Réponse aux objections contre le municipalisme. — La révolution électrotechnique et la socialisation de la houille blanche. — LINDEMANN (Hugo) : La régie communale du gaz en Allemagne. — MILHAUD (Edgard) : La municipalisation du gaz à Bruxelles, à Saint-Gilles-lez-Bruxelles et à Gand. — La nationalisation de l'assurance contre l'incendie en Suisse. — La municipalisation et les finances communales. — La régie des eaux, du gaz, de l'électricité et des tramways à Fribourg-en-Brisgau. — Les résultats de la municipalisation des tramways à Manchester. — La municipalisation du placement et ses résultats en Allemagne. — La *Bibliothèque de la Régie Directe.* — La régie du théâtre à Fribourg-en-Brisgau. — La régie directe au village : Les propriétés et exploitations de la commune de Bassins. — La régie directe au village : Les propriétés et exploitations de la commune de Burtigny. — Le premier Congrès des régies municipales italiennes. — La régie directe au village : Les propriétés et exploitations de la commune de Givrins. — Les accidents de chemins de fer sur les réseaux privés et sur les réseaux d'Etat. — Chronique et Bibliographie dans chaque numéro. — NEURATH (Otto) : Les moyens de transport dans les villes et leurs possibilités d'évolution. — SCHIAVI (Alessandro) : Quelques régies de la Ville de Milan. — Le problème des habitations à Milan et l'action de la commune. — Statistique des régies municipales en Italie. — SPEISER (Paul) : Une entreprise intercantonale : la Société des Salines Suisses du Rhin réunies. — TANGER (Albert) : La municipalisation des pompes funèbres en France. — TARBOURIECH (Ernest) : La régie directe et l'agriculture. — VINCK (Emile) : La régie des élévateurs à Anvers. — YOVANOVITCH (Kosta) : Les entreprises d'Etat en Serbie.

Troisième Année (1910-1911)

BERNARD (Marcel) : La régie directe dans les prisons de France. — BOUVIER (Emile) : Les chemins de fer de l'Etat au Japon. — BUISSON (Etienne) : La régie du gaz à Remscheid. — La régie des eaux à Remscheid. — Le monopole des assurances en Italie. — Les régies immobilières, sanitaires et financières de Remscheid. — DULAC (Albert) : La reconstitution des biens communaux en Prusse. — LABARBE (Henri) : La régie directe à Mont-de-Marsan : eaux, octroi, plaçage, abattoir, éclairage. — LINDEMANN (Hugo) : Les établissements publics d'assurance contre l'incendie en Allemagne. — MILHAUD (Edgard) : La situation des cheminots de l'Etat Suisse et de la Compagnie P.-L.-M. — La régie directe au village : Les propriétés et exploitations de la commune de Vinzel. — La régie de l'électricité à Genève et les réductions de tarifs. — L'exploitation privée et la régie directe des tramways pagnie P.-L.-M. — La régie directe au village : Les propriétés et exploitations de la commune de Vinzel. — La régie de l'électricité à Genève et les réductions de tarifs. — L'exploitation privée et la régie directe des tramways en Angleterre. — Les accidents de chemins de fer sur les réseaux de l'Etat prussien et des Compagnies anglaises. — Les accidents de chemins de fer sur les réseaux des Compagnies américaines et de l'Etat belge. — Les Compagnies françaises de chemins de fer pendant la guerre franco-allemande. — Les accidents de chemins de fer en Suisse avant et après le rachat. — Les accidents de chemins de fer sur les réseaux des Compagnies françaises et de l'Etat français. — Les abonnements d'ouvriers sur le réseau de l'Etat belge. — Les abonnements d'ouvriers sur les réseaux d'Etat et sur les réseaux des Compagnies en France et en Belgique. — Les tarifs, le trafic et le matériel des chemins de fer en Suisse avant et après le rachat. — Chronique et Bibliographie dans chaque numéro. — NESTLER-TRICOCHE (Georges) : La municipalisation des services publics aux Etats-Unis. — PFLUGER (Paul) : La question du logement et l'action des communes en Suisse. — ROCHAIX (John) : La fourniture par l'Etat des sels de cuivre et des pommes de terre de semence dans le Canton de Genève. — SCHLŒSSER (Henri) : Les plans d'extension des villes en Angleterre. — TEVZAIA (V.) : Les syndicats industriels en Russie et la régie directe. — WEST (Julius) : La municipalisation du gaz et ses résultats dans le Royaume-Uni.

Quatrième Année (1911-1912)

ALEXINSKY (G.) : La régie directe et le funiculaire de Belleville à Paris. — Le Comité du budget de la Ville de Paris et la régie directe. — ALIBERT (Marius) : La régie du nettoiement à Agen. — BERNARD (Marcel) : La taxe du pain en France. — BERTRAND (Louis) : Le service des eaux et les bains communaux de la ville de Schaerbeek. — BIEN (Oswald) : Les villes autrichiennes et la cherté de la vie. — EHRLER (Josef) : L'action des villes allemandes contre le renchérissement de la vie. — L'œuvre de la Ville de Fribourg-en-Brisgau dans le domaine de l'habitation. — Le nouveau théâtre municipal de Fribourg-en-Brisgau. — FASSIO (G.) : La boulangerie municipale de Vérone. — Les boucheries et la poissonnerie municipales de Vérone. — HERSCH (Louise) : Le renchérissement de la vie et l'action municipale en Russie. — MILHAUD (Edgard) : L'économie publique. — Les réformes en faveur du personnel sur l'Ouest-Etat. — Les habitations municipales de Zurich. — Notre enquête sur l'action des communes suisses contre la cherté de la vie. — La régie de l'électricité à Genève et les petits consommateurs. — NESTLER-TRICOCHE (George) : La réaction contre l'exploitation privée des tramways aux Etats-Unis. — La cherté de la vie aux Etats-Unis. Introduction à notre enquête sur l'action des communes américaines contre le renchérissement. — SCHIAVI (Alessandro) : L'action publique dans la construction des habitations à bon marché en Italie. — WAGNER (Heinrich) : L'œuvre sociale de la Ville d'Ulm, notamment dans le domaine de l'habitation. — WEST (Julius) : Les habitations municipales dans le Royaume-Uni.

Cinquième Année (1912-1913)

ALEXINSKY (Grégoire) : La régie directe et les finances municipales à Moscou. — BENOIT-LÉVY (Georges) : L'organisation du contrôle du public : Le bureau de recherches municipales de New-York. — BOUVIER (Emile) : La construction des maisons d'habitation par les communes en France. — BRAUN (Antoine) : L'exploitation des chemins de fer par l'Etat en Autriche depuis le dernier rachat. — BUFQUIN DES ESSARTS (J.) : Les effets d'une régie dans une petite commune : L'électricité municipale à Mont-sur-Marchienne. — DE COPPET (Maurice) : Les tramways du Conseil du Comté de Londres. — DEDIE (Arthur) : Les abattoirs municipaux de La Chaux-de-Fonds. — FITZ-GÉRALD (John D.) : L'œuvre de l'Etat de la Nouvelle-Galles-du-Sud dans le domaine de l'habitation. — LINDEMANN (Hugo) : La construction de logements par les communes en Allemagne. — MILHAUD (Edgard) : Les accidents de chemins de fer sur les réseaux concédés et sur les réseaux d'Etat : Réponse aux défenseurs des Compagnies. — Les salaires sur le réseau de l'Ouest avant et après le rachat. — Notre enquête sur l'action publique et le logement populaire en Suisse. — Autour de notre enquête sur l'action publique et le logement populaire en Suisse. — SZABOLCSY (Anton) : La régie directe des chemins de fer en Hongrie. — TAJANI (Filippo) : Les résultats de l'exploitation des chemins de fer par l'Etat en Italie.

Sixième Année (1913-1914)

DAVIES (Emile) : La régie directe et le travail. — HOCHREUTINER (B.-P.-G.) : Les cultures maraîchères de secours pendant la guerre à Genève. — VON DER LEYEN (A.) : M. Yves Guyot et les chemins de fer d'Etat en Allemagne. — MILHAUD (Edgard) : La mobilisation économique et financière de l'Allemagne. — NESTLER-TRICOCHE (George) : Notre enquête sur l'action des communes aux Etats-Unis contre la cherté de la vie. — SCHIAVI (Alessandro) : Les Instituts d'habitations populaires en Italie. — VANDERWELDE (Emile) : La nationalisation des chemins de fer : l'exemple de la Belgique.

Septième Année (1914-1915)

MILHAUD (Edgard) : Les monopoles et la multiplicité des prix : Exemple de la régie genevoise de l'électricité. — JOSSERAND (H.) : Les œuvres de travail à domicile et la Municipalité Lyonnaise. — ROUSSEAU (René) : L'office d'approvisionnement communal d'Arcueil-Cachan. — HÉDIN (H.) et MARTIN (E.) : Un essai de régie municipale de la boucherie à Montpellier en 1911. — FRITZ-GERALD (John-D.) : L'enchérissement de la vie et l'organisation de la vente du poisson dans la Nouvelle-Galles du Sud.

Huitième Année (1915-1916)

Bayler (Léon) : Les boucheries municipales à Bordeaux. — Gitermann (Marcus) : Les mesures sociales prises par les villes allemandes. — Poisson (Ernest) : La collaboration coopérative et municipale pour la vente de la viande frigorifiée à Paris et dans le département de la Seine.

Neuvième Année (1916-1917)

Decout (E.) : La commission extra-municipale de ravitaillement de la Ville de La Rochelle. — Herriot (Edouard) : Les œuvres de guerre de l'hôtel de ville de Lyon. — Maillart-Boullet : La lutte pour la vie à Beauvais pendant la guerre. — Martin (E) : La régie municipale de la viande à Montpellier pendant la guerre. — Milhaud (Edgard) : Les limites d'âge pour le transport gratuit et à prix réduit des enfants sur les réseaux privés et sur les réseaux d'Etat. — Nussbaum (Ch.) : Le chèque postal. — Péron : Les œuvres municipales de ravitaillement de Boulogne-sur-Mer.

Dixième Année (1917-1918)

Kampffmeyer (Dr Hans) : Un projet de loi sur la socialisation des habitations. — Milhaud (Edgard) : Les régies et leur évolution. — Quelques aspects du problème des chemins de fer. — Compagnies et réseaux d'État dans leurs rapports avec les voies navigables. — Mémoire du Ministère Allemand de l'Economie nationale (Projet Wissel-Mollendorf) : La construction de l'économie collective.

Onzième Année (1918-1919)

Hodges (Frank) : La nationalisation des mines. — Lehmann (Helmut) : Les pharmacies et l'économie communautaire. — Milhaud (Edgard) : Les chemins de fer et la Grande Guerre. — Les accidents sur les réseaux des Compagnies et sur les réseaux d'Etat. — Rieu (Jean) : Alimentation et approvisionnement de la population de Toulouse pendant la guerre. — Tevsaia (V.) : Le Conseil de la Banque d'Etat de Géorgie.

Douzième Année (1919-1920)

Francq (Roger) : La nationalisation industrielle appliquée au chemin de fer. — Jouhaux (Léon) : Le Conseil économique du travail. — Milhaud (Edgard) : La mainmise des Compagnies de chemins de fer sur les pouvoirs publics et sur la presse. — Seeliger (J.) : L'organisation pratique, en Belgique, de l'assurance municipale contre les risques de l'incendie. — La socialisation des mines de houille en Allemagne (Rapport de la commission de socialisation). — Conseil économique du travail de Paris : Principes généraux de la nationalisation industrialisée. — La nationalisation des chemins de fer. — La nationalisation des mines. — La nationalisation des forces d'énergie électrique.

Treizième Année (1920-1921)

Congrès international des Mineurs : La nationalisation des mines (compte rendu sténographique). — Fischer (Edmond) : L'organisation sociale de la production et de la distribution du lait. — Klöeti (Emile) : La question du logement. — Ligue nationale Anglaise des Guildes : Les Guildes nationales (Appel aux Trade-Unionistes). — Milhaud (Edgard) : Tarifs et trafic sur les réseaux privés et sur les réseaux d'Etat. — Shlepner (B.-S.) : Le chèque postal en Belgique. — Wagner (Martin) : L'économie communautaire dans le domaine de l'habitation.

Quatorzième Année (1921-1922)

Eichenberger (Ernest) : Le contrôle ouvrier dans les services publics. — Fédération Nationale des P. T. T. : Contre la cession des services publics (Rapport). — Fischer (Edmond) : La socialisation de l'économie en Allemagne. — Harrer (Franz) : Le développement de la boulangerie municipale de Budapesth. — Karleby (Nils) : Les régies nationales et communales du Danemark. — Lindemann (Hugo) : La municipalisation en Allemagne. — Mercier (Lucien) : La participation du personnel à la gestion des administrations publiques nationalisées en Suisse. — Milhaud (Edgard) : La crise économique mondiale, la coopération et l'organisation internationale de l'économie. — Nussbaum (Charles) : Réformes dans l'administration des Postes suisses. — Pick (Kaethe) : Les entreprises communautaires en Autriche. — Nouvelles formes de l'économie publique en Autriche. — La Guilde autrichienne de petite colonisation, de logement et de construction. — Schiavi (Alessandro) : Le travail et la statistique dans les communes italiennes. — Comment on cherche à résoudre, en Italie, la crise des logements. — Seeliger (J.) : Une régie intercommunale d'assurance-incendie en Belgique. — Vinck (Emile) : Le problème du logement en Belgique et la Société nationale belge des logements à bon marché. — Wagner (Martin) : La socialisation des entreprises de bâtiment.

Chronique et Bibliographie dans chaque numéro.

Abonnement annuel : 25 fr. — Années écoulées : 25 fr.

Les 2 premières années ne se vendent pas en dehors de la collection complète.

Administration : 6 rue Pécolat GENÈVE

Niort. — Imp. Th. Martin

pagnie P.-L.-M. — La régie directe au village : Les propriétés et exploitations de la commune de Vinzel. — La régie de l'électricité à Genève et les réductions de tarifs. — L'exploitation privée et la régie directe des tramways en Angleterre. — Les accidents de chemins de fer sur les réseaux de l'Etat prussien et des Compagnies anglaises. — Les accidents de chemins de fer sur les réseaux des Compagnies américaines et de l'Etat belge. — Les Compagnies françaises de chemins de fer pendant la guerre franco-allemande. — Les accidents de chemins de fer en Suisse avant et après le rachat. — Les accidents de chemins de fer sur les réseaux des Compagnies françaises et de l'Etat français. — Les abonnements d'ouvriers sur le réseau de l'Etat belge. — Les abonnements d'ouvriers sur les réseaux d'Etat et sur les réseaux des Compagnies en France et en Belgique. — Les tarifs, le trafic et le matériel des chemins de fer en Suisse avant et après le rachat. — Chronique et Bibliographie dans chaque numéro. — NESTLER-TRICOCHE (Georges) : La municipalisation des services publics aux Etats-Unis. — PFLUGER (Paul) : La question du logement et l'action des communes en Suisse. — ROCHAIX (John) : La fourniture par l'Etat des sels de cuivre et des pommes de terre de semence dans le Canton de Genève. — SCHLŒSSER (Henri) : Les plans d'extension des villes en Angleterre. — TEVZAIA (V.) : Les syndicats industriels en Russie et la régie directe. — WEST (Julius) : La municipalisation du gaz et ses résultats dans le Royaume-Uni.

Quatrième Année (1911-1912)

ALEXINSKY (G.) : La régie directe et le funiculaire de Belleville à Paris. — Le Comité du budget de la Ville de Paris et la régie directe. — ALIBERT (Marius) : La régie du nettoiement à Agen. — BERNARD (Marcel) : La taxe du pain en France. — BERTRAND (Louis) : Le service des eaux et les bains communaux de la ville de Schaerbeek. — BIEN (Oswald) : Les villes autrichiennes et la cherté de la vie. — EHRLER (Josef) : L'action des villes allemandes contre le renchérissement de la vie. — L'œuvre de la Ville de Fribourg-en-Brisgau dans le domaine de l'habitation. — Le nouveau théâtre municipal de Fribourg-en-Brisgau. — FASSIO (G.) : La boulangerie municipale de Vérone. — Les boucheries et la poissonnerie municipales de Vérone. — HERSCH (Louise) : Le renchérissement de la vie et l'action municipale en Russie. — MILHAUD (Edgard) : L'économie publique. — Les réformes en faveur du personnel sur l'Ouest-Etat. — Les habitations municipales de Zurich. — Notre enquête sur l'action des communes suisses contre la cherté de la vie. — La régie de l'électricité à Genève et les petits consommateurs. — NESTLER-TRICOCHE (George) : La réaction contre l'exploitation privée des tramways aux Etats-Unis. — La cherté de la vie aux Etats-Unis. Introduction à notre enquête sur l'action des communes américaines contre le renchérissement. — SCHIAVI (Alessandro) : L'action publique dans la construction des habitations à bon marché en Italie. — WAGNER (Heinrich) : L'œuvre sociale de la Ville d'Ulm, notamment dans le domaine de l'habitation. — WEST (Julius) : Les habitations municipales dans le Royaume-Uni.

Cinquième Année (1912-1913)

ALEXINSKY (Grégoire) : La régie directe et les finances municipales à Moscou. — BENOIT-LÉVY (Georges) : L'organisation du contrôle du public : Le bureau de recherches municipales de New-York. — BOUVIER (Emile) : La construction des maisons d'habitation par les communes en France. — BRAUN (Antoine) : L'exploitation des chemins de fer par l'Etat en Autriche depuis le dernier rachat. — BUFQUIN DES ESSARTS (J.) : Les effets d'une régie dans une petite commune : L'électricité municipale à Mont-sur-Marchienne. — DE COPPET (Maurice) : Les tramways du Conseil du Comté de Londres. — DEDIE (Arthur) : Les abattoirs municipaux de La Chaux-de-Fonds. — FITZ-GÉRALD (John D.) : L'œuvre de l'Etat de la Nouvelle-Galles-du-Sud dans le domaine de l'habitation. — LINDEMANN (Hugo) : La construction de logements par les communes en Allemagne. — MILHAUD (Edgard) : Les accidents de chemins de fer sur les réseaux concédés et sur les réseaux d'Etat : Réponse aux défenseurs des Compagnies. — Les salaires sur le réseau de l'Ouest avant et après le rachat. — Notre enquête sur l'action publique et le logement populaire en Suisse. — Autour de notre enquête sur l'action publique et le logement populaire en Suisse. — SZABOLCSY (Anton) : La régie directe des chemins de fer en Hongrie. — TAJANI (Filippo) : Les résultats de l'exploitation des chemins de fer par l'Etat en Italie.

Sixième Année (1913-1914)

DAVIES (Emile) : La régie directe et le travail. — HOCHREUTINER (B.-P.-C.) : Les cultures maraîchères de secours pendant la guerre à Genève. — VON DER LEYEN (A.) : M. Yves Guyot et les chemins de fer d'Etat en Allemagne. — MILHAUD (Edgard) : La mobilisation économique et financière de l'Allemagne. — NESTLER-TRICOCHE (George) : Notre enquête sur l'action des communes aux Etats-Unis contre la cherté de la vie. — SCHIAVI (Alessandro) : Les Instituts d'habitations populaires en Italie. — VANDERWELDE (Emile) : La nationalisation des chemins de fer : l'exemple de la Belgique.

Septième Année (1914-1915)

MILHAUD (Edgard) : Les monopoles et la multiplicité des prix : Exemple de la régie genevoise de l'électricité. — JOSSERAND (H.) : Les œuvres de travail à domicile et la Municipalité Lyonnaise. — ROUSSEAU (René) : L'office d'approvisionnement communal d'Arcueil-Cachan. — HÉDIN (H.) et MARTIN (E.) : Un essai de régie municipale de la boucherie à Montpellier en 1911. — FRITZ-GERALD (John-D.) : L'enchérissement de la vie et l'organisation de la vente du poisson dans la Nouvelle-Galles du Sud.

Huitième Année (1915-1916)

BAYLET (Léon) : Les boucheries municipales à Bordeaux. — GITERMANN (Marcus) : Les mesures sociales prises par les villes allemandes. — POISSON (Ernest) : La collaboration coopérative et municipale pour la vente de la viande frigorifiée à Paris et dans le département de la Seine.

Neuvième Année (1916-1917)

DECOUT (E.) : La commission extra-municipale de ravitaillement de la Ville de La Rochelle. — HERRIOT (Edouard) : Les œuvres de guerre de l'hôtel de ville de Lyon. — MAILLART-BOULLET : La lutte pour la vie à Beauvais pendant la guerre. — MARTIN (E) : La régie municipale de la viande à Montpellier pendant la guerre. — MILHAUD (Edgard) : Les limites d'âge pour le transport gratuit et à prix réduit des enfants sur les réseaux privés et sur les réseaux d'Etat. — NUSSBAUM (Ch.) : Le chèque postal. — PÉRON : Les œuvres municipales de ravitaillement de Boulogne-sur-Mer.

Dixième Année (1917-1918)

KAMPFFMEYER (Dr Hans) : Un projet de loi sur la socialisation des habitations. — MILHAUD (Edgard) : Les régies et leur évolution. — Quelques aspects du problème des chemins de fer. — Compagnies et réseaux d'Etat dans leurs rapports avec les voies navigables. — MÉMOIRE DU MINISTÈRE ALLEMAND DE L'ECONOMIE NATIONALE (Projet Wissel-Mollendorf) : La construction de l'économie collective.

Onzième Année (1918-1919)

HODGES (Frank) : La nationalisation des mines. — LEHMANN (Helmut) : Les pharmacies et l'économie communautaire. — MILHAUD (Edgard) : Les chemins de fer et la Grande Guerre. — Les accidents sur les réseaux des Compagnies et sur les réseaux d'Etat. — RIEU (Jean) : Alimentation et approvisionnement de la population de Toulouse pendant la guerre. — TEVSAIA (V.) : Le Conseil de la Banque d'Etat de Géorgie.

Douzième Année (1919-1920)

FRANCQ (Roger) : La nationalisation industrielle appliquée au chemin de fer. — JOUHAUX (Léon) : Le Conseil économique du travail. — MILHAUD (Edgard) : La mainmise des Compagnies de chemins de fer sur les pouvoirs publics et sur la presse. — SEELIGER (J.) : L'organisation pratique, en Belgique, de l'assurance municipale contre les risques de l'incendie. — La socialisation des mines de houille en Allemagne (Rapport de la commission de socialisation). — CONSEIL ÉCONOMIQUE DU TRAVAIL DE PARIS : Principes généraux de la nationalisation industrialisée. — La nationalisation des chemins de fer. — La nationalisation des mines. — La nationalisation des forces d'énergie électrique.

Treizième Année (1920-1921)

CONGRÈS INTERNATIONAL DES MINEURS : La nationalisation des mines (compte rendu sténographique). — FISCHER (Edmond) : L'organisation sociale de la production et de la distribution du lait. — KLÖETI (Emile) : La question du logement. — LIGUE NATIONALE ANGLAISE DES GUILDES : Les Guildes nationales (Appel aux Trade-Unionistes). — MILHAUD (Edgard) : Tarifs et trafic sur les réseaux privés et sur les réseaux d'Etat. — SHLEPNER (B.-S.) : Le chèque postal en Belgique. — WAGNER (Martin) : L'économie communautaire dans le domaine de l'habitation.

Quatorzième Année (1921-1922)

EICHENBERGER (Ernest) : Le contrôle ouvrier dans les services publics. — FÉDÉRATION NATIONALE DES P. T. T. : Contre la cession des services publics (Rapport). — FISCHER (Edmond) : La socialisation de l'économie en Allemagne. — HARRER (Franz) : Le développement de la boulangerie municipale de Budapesth. — KARLEBY (Nils) : Les régies nationales et communales du Danemark. — LINDEMANN (Hugo) : La municipalisation en Allemagne. — MERCIER (Lucien) : La participation du personnel à la gestion des administrations publiques nationalisées en Suisse. — MILHAUD (Edgard) : La crise économique mondiale, la coopération et l'organisation internationale de l'économie. — NUSSBAUM (Charles) : Réformes dans l'administration des Postes suisses. — PICK (Kaethe) : Les entreprises communautaires en Autriche. — Nouvelles formes de l'économie publique en Autriche. — La Guilde autrichienne de petite colonisation, de logement et de construction. — SCHIAVI (Alessandro) : Le travail et la statistique dans les communes italiennes. — Comment on cherche à résoudre, en Italie, la crise des logements. — SEELIGER (J.) : Une régie intercommunale d'assurance-incendie en Belgique. — VINCK (Emile) : Le problème du logement en Belgique et la Société nationale belge des logements à bon marché. — WAGNER (Martin) : La socialisation des entreprises de bâtiment.

Chronique et Bibliographie dans chaque numéro.

Niort — Imp. Th. Martin

en Angleterre. — Les accidents de chemins de fer sur les réseaux de l'Etat prussien et des Compagnies anglaises. — Les accidents de chemins de fer sur les réseaux des Compagnies américaines et de l'Etat belge. — Les Compagnies françaises de chemins de fer pendant la guerre franco-allemande. — Les accidents de chemins de fer en Suisse avant et après le rachat. — Les accidents de chemins de fer sur les réseaux des Compagnies françaises et de l'Etat français. — Les abonnements d'ouvriers sur le réseau de l'Etat belge. — Les abonnements d'ouvriers sur les réseaux d'Etat et sur les réseaux des Compagnies en France et en Belgique. — Les tarifs, le trafic et le matériel des chemins de fer en Suisse avant et après le rachat. — Chronique et Bibliographie dans chaque numéro. — Nestler-Tricoche (Georges) : La municipalisation des services publics aux Etats-Unis. — Pfluger (Paul) : La question du logement et l'action des communes en Suisse. — Rochaix (John) : La fourniture par l'Etat des sels de cuivre et des pommes de terre de semence dans le Canton de Genève. — Schloesser (Henri) : Les plans d'extension des villes en Angleterre. — Tevzaia (V.) : Les syndicats industriels en Russie et la régie directe. — West (Julius) : La municipalisation du gaz et ses résultats dans le Royaume-Uni.

Quatrième Année (1911-1912)

Alexinsky (G.) : La régie directe et le funiculaire de Belleville à Paris. — Le Comité du budget de la Ville de Paris et la régie directe. — Alibert (Marius) : La régie du nettoiement à Agen. — Bernard (Marcel) : La taxe du pain en France. — Bertrand (Louis) : Le service des eaux et les bains communaux de la ville de Schaerbeek. — Bien (Oswald) : Les villes autrichiennes et la cherté de la vie. — Ehrler (Josef) : L'action des villes allemandes contre le renchérissement de la vie. — L'œuvre de la Ville de Fribourg-en-Brisgau dans le domaine de l'habitation. — Le nouveau théâtre municipal de Fribourg-en-Brisgau. — Fassio (G.) : La boulangerie municipale de Vérone. — Les boucheries et la poissonnerie municipales de Vérone. — Hersch (Louise) : Le renchérissement de la vie et l'action municipale en Russie. — Milhaud (Edgard) : L'économie publique. — Les réformes en faveur du personnel sur l'Ouest-Etat. — Les habitations municipales de Zurich. — Notre enquête sur l'action des communes suisses contre la cherté de la vie. — La régie de l'électricité à Genève et les petits consommateurs. — Nestler-Tricoche (George) : La réaction contre l'exploitation privée des tramways aux Etats-Unis. — La cherté de la vie aux Etats-Unis. Introduction à notre enquête sur l'action des communes américaines contre le renchérissement. — Schiavi (Alessandro) : L'action publique dans la construction des habitations à bon marché en Italie. — Wagner (Heinrich) : L'œuvre sociale de la Ville d'Ulm, notamment dans le domaine de l'habitation. — West (Julius) : Les habitations municipales dans le Royaume-Uni.

Cinquième Année (1912-1913)

Alexinsky (Grégoire) : La régie directe et les finances municipales à Moscou. — Benoit-Lévy (Georges) : L'organisation du contrôle du public : Le bureau de recherches municipales de New-York. — Bouvier (Emile) : La construction des maisons d'habitation par les communes en France. — Braun (Antoine) : L'exploitation des chemins de fer par l'Etat en Autriche depuis le dernier rachat. — Bufquin des Essarts (J.) : Les effets d'une régie dans une petite commune : L'électricité municipale à Mont-sur-Marchienne. — De Coppet (Maurice) : Les tramways du Conseil du Comté de Londres. — Dedie (Arthur) : Les abattoirs municipaux de La Chaux-de-Fonds. — Fitz-Gérald (John D.) : L'œuvre de l'Etat de la Nouvelle-Galles-du-Sud dans le domaine de l'habitation. — Lindemann (Hugo) : La construction de logements par les communes en Allemagne. — Milhaud (Edgard) : Les accidents de chemins de fer sur les réseaux concédés et sur les réseaux d'Etat : Réponse aux défenseurs des Compagnies. — Les salaires sur le réseau de l'Ouest avant et après le rachat. — Notre enquête sur l'action publique et le logement populaire en Suisse. — Autour de notre enquête sur l'action publique et le logement populaire en Suisse. — Szabolcsy (Anton) : La régie directe des chemins de fer en Hongrie. — Tajani (Filippo) : Les résultats de l'exploitation des chemins de fer par l'Etat en Italie.

Sixième Année (1913-1914)

Davies (Emile) : La régie directe et le travail. — Hochreutiner (B.-P.-C.) : Les cultures maraichères de secours pendant la guerre à Genève. — Von der Leyen (A.) : M. Yves Guyot et les chemins de fer d'Etat en Allemagne. — Milhaud (Edgard) : La mobilisation économique et financière de l'Allemagne. — Nestler-Tricoche (George) : Notre enquête sur l'action des communes aux Etats-Unis contre la cherté de la vie. — Schiavi (Alessandro) : Les Instituts d'habitations populaires en Italie. — Vanderwelde (Emile) : La nationalisation des chemins de fer : l'exemple de la Belgique.

Septième Année (1914-1915)

Milhaud (Edgard) : Les monopoles et la multiplicité des prix : Exemple de la régie genevoise de l'électricité. — Josserand (H.) : Les œuvres de travail à domicile et la Municipalité Lyonnaise. — Rousseau (René) : L'office d'approvisionnement communal d'Arcueil-Cachan. — Hédin (H.) et Martin (E.) : Un essai de régie municipale de la boucherie à Montpellier en 1911. — Fritz-Gerald (John-D.) : L'enchérissement de la vie et l'organisation de la vente du poisson dans la Nouvelle-Galles du Sud.

Huitième Année (1915-1916)

Baylet (Léon) : Les boucheries municipales à Bordeaux. — Gitermann (Marcus) : Les mesures sociales prises par les villes allemandes. — Poisson (Ernest) : La collaboration coopérative et municipale pour la vente de la viande frigorifiée à Paris et dans le département de la Seine.

Neuvième Année [illegible]

Decout (E.) : La commission extra-municipale de ravitaillement de la Ville de La Rochelle. — Herriot (Edouard) : Les œuvres de guerre de l'hôtel de ville de Lyon. — Maillart-Boullet : La lutte pour la vie à Beauvais pendant la guerre. — Martin (E) : La régie municipale de la viande à Montpellier pendant la guerre. — Milhaud (Edgard) : Les limites d'âge pour le transport gratuit et à prix réduit des enfants sur les réseaux privés et sur les réseaux d'Etat. — Nussbaum (Ch.) : Le chèque postal. — Péron : Les œuvres municipales de ravitaillement de Boulogne-sur-Mer.

Dixième Année (1917-1918)

Kampffmeyer (Dr Hans) : Un projet de loi sur la socialisation des habitations. — Milhaud (Edgard) : Les régies et leur évolution. — Quelques aspects du problème des chemins de fer. — Compagnies et réseaux d'Etat dans leurs rapports avec les voies navigables. — Mémoire du Ministère allemand de l'Economie nationale (Projet Wissel-Mollendorf) : La construction de l'économie collective.

Onzième Année (1918-1919)

Hodges (Frank) : La nationalisation des mines. — Lehmann (Helmut) : Les pharmacies et l'économie communautaire. — Milhaud (Edgard) : Les chemins de fer et la Grande Guerre. — Les accidents sur les réseaux des Compagnies et sur les réseaux d'Etat. — Rieu (Jean) : Alimentation et approvisionnement de la population de Toulouse pendant la guerre. — Tevsaia (V.) : Le Conseil de la Banque d'Etat de Géorgie.

Douzième Année (1919-1920)

Francq (Roger) : La nationalisation industrielle appliquée au chemin de fer. — Jouhaux (Léon) : Le Conseil économique du travail. — Milhaud (Edgard) : La mainmise des Compagnies de chemins de fer sur les pouvoirs publics et sur la presse. — Seeliger (J.) : L'organisation pratique, en Belgique, de l'assurance municipale contre les risques de l'incendie. — La socialisation des mines de houille en Allemagne (Rapport de la commission de socialisation). — Conseil économique du travail de Paris : Principes généraux de la nationalisation industrialisée. — La nationalisation des chemins de fer. — La nationalisation des mines. — La nationalisation des forces d'énergie électrique.

Treizième Année (1920-1921)

Congrès international des Mineurs : La nationalisation des mines (compte rendu sténographique). — Fischer (Edmond) : L'organisation sociale de la production et de la distribution du lait. — Klöeti (Emile) : La question du logement. — Ligue nationale anglaise des Guildes : Les Guildes nationales (Appel aux Trade-Unionistes). — Milhaud (Edgard) : Tarifs et trafic sur les réseaux privés et sur les réseaux d'Etat. — Shlepner (B.-S.) : Le chèque postal en Belgique. — Wagner (Martin) : L'économie communautaire dans le domaine de l'habitation.

Quatorzième Année (1921-1922)

Eichenberger (Ernest) : Le contrôle ouvrier dans les services publics. — Fédération nationale des P. T. T. : Contre la cession des services publics (Rapport). — Fischer (Edmond) : La socialisation de l'économie en Allemagne. — Harber (Franz) : Le développement de la boulangerie municipale de Budapesth. — Karleby (Nils) : Les régies nationales et communales du Danemark. — Lindemann (Hugo) : La municipalisation en Allemagne. — Mercier (Lucien) : La participation du personnel à la gestion des administrations publiques nationalisées en Suisse. — Milhaud (Edgard) : La crise économique mondiale, la coopération et l'organisation internationale de l'économie. — Nussbaum (Charles) : Réformes dans l'administration des Postes suisses. — Pick (Kaethe) : Les entreprises communautaires en Autriche. — Nouvelles formes de l'économie publique en Autriche. — La Guilde autrichienne de petite colonisation, de logement et de construction. — Schiavi (Alessandro) : Le travail et la statistique dans les communes italiennes. — Comment on cherche à résoudre, en Italie, la crise des logements. — Seeliger (J.) : Une régie intercommunale d'assurance-incendie en Belgique. — Vinck (Emile) : Le problème du logement en Belgique et la Société nationale belge des logements à bon marché. — Wagner (Martin) : La socialisation des entreprises de bâtiment.

Quinzième Année (1922-1923)

Harber (Franz) : La municipalisation des tramways de Budapesth. — Klöti (Emile) : Les habitations municipales de Zurich. — Leichter (Otto) : Crise du logement et réforme de la législation sur les loyers en Autriche. — Tzaut (A.) : La caisse nationale suisse d'assurance en cas d'accident.

Chronique et Bibliographie dans chaque numéro.

Abonnement annuel : 25 fr. — Années écoulées : 25 fr.

Les 2 premières années ne se vendent pas en dehors de la collection complète.

Administration : 6 rue Pécolat GENÈVE

Niort. — Imp. Th. Martin.

en Angleterre. — Les accidents de chemins de fer sur les réseaux de l'Etat prussien et des Compagnies anglaises. — Les accidents de chemins de fer sur les réseaux des Compagnies américaines et de l'Etat belge. — Les Compagnies françaises de chemins de fer pendant la guerre franco-allemande. — Les accidents de chemins de fer en Suisse avant et après le rachat. — Les accidents de chemins de fer sur les réseaux des Compagnies françaises et de l'Etat français. — Les abonnements d'ouvriers sur le réseau de l'Etat belge. — Les abonnements d'ouvriers sur les réseaux d'Etat et sur les réseaux des Compagnies en France et en Belgique. — Les tarifs, le trafic et le matériel des chemins de fer en Suisse avant et après le rachat. — Chronique et Bibliographie dans chaque numéro. — NESTLER-TRICOCHE (Georges) : La municipalisation des services publics aux Etats-Unis. — PFLUGER (Paul) : La question du logement et l'action des communes en Suisse. — ROCHAIX (John) : La fourniture par l'Etat des sels de cuivre et des pommes de terre de semence dans le Canton de Genève. — SCHLŒSSER (Henri) : Les plans d'extension des villes en Angleterre. — TEVZAIA (V.) : Les syndicats industriels en Russie et la régie directe. — WEST (Julius) : La municipalisation du gaz et ses résultats dans le Royaume-Uni.

Quatrième Année (1911-1912)

ALEXINSKY (G.) : La régie directe et le funiculaire de Belleville à Paris. — Le Comité du budget de la Ville de Paris et la régie directe. — ALIBERT (Marius) : La régie du nettoiement à Agen. — BERNARD (Marcel) : La taxe du pain en France. — BERTRAND (Louis) : Le service des eaux et les bains communaux de la ville de Schaerbeek. — BIEN (Oswald) : Les villes autrichiennes et la cherté de la vie. — EHRLER (Josef) : L'action des villes allemandes contre le renchérissement de la vie. — L'œuvre de la Ville de Fribourg-en-Brisgau dans le domaine de l'habitation. — Le nouveau théâtre municipal de Fribourg-en-Brisgau. — FASSIO (G.) : La boulangerie municipale de Vérone. — Les boucheries et la poissonnerie municipales de Vérone. — HERSCH (Louise) : Le renchérissement de la vie et l'action municipale en Russie. — MILHAUD (Edgard) : L'économie publique. — Les réformes en faveur du personnel sur l'Ouest-Etat. — Les habitations municipales de Zurich. — Notre enquête sur l'action des communes suisses contre la cherté de la vie. — La régie de l'électricité à Genève et les petits consommateurs. — NESTLER-TRICOCHE (George) : La réaction contre l'exploitation privée des tramways aux Etats-Unis. — La cherté de la vie aux Etats-Unis. Introduction à notre enquête sur l'action des communes américaines contre le renchérissement. — SCHIAVI (Alessandro) : L'action publique dans la construction des habitations à bon marché en Italie. — WAGNER (Heinrich) : L'œuvre sociale de la Ville d'Ulm, notamment dans le domaine de l'habitation. — WEST (Julius) : Les habitations municipales dans le Royaume-Uni.

Cinquième Année (1912-1913)

ALEXINSKY (Grégoire) : La régie directe et les finances municipales à Moscou. — BENOIT-LÉVY (Georges) : L'organisation du contrôle du public : Le bureau de recherches municipales de New-York. — BOUVIER (Emile) : La construction des maisons d'habitation par les communes en France. — BRAUN (Antoine) : L'exploitation des chemins de fer par l'Etat en Autriche depuis le dernier rachat. — BUFQUIN DES ESSARTS (J.) : Les effets d'une régie dans une petite commune : L'électricité municipale à Mont-sur-Marchienne. — DE COPPET (Maurice) : Les tramways du Conseil du Comté de Londres. — DEDIE (Arthur) : Les abattoirs municipaux de La Chaux-de-Fonds. — FITZ-GÉRALD (John D.) : L'œuvre de l'Etat de la Nouvelle-Galles-du-Sud dans le domaine de l'habitation. — LINDEMANN (Hugo) : La construction de logements par les communes en Allemagne. — MILHAUD (Edgard) : Les accidents de chemins de fer sur les réseaux concédés et sur les réseaux d'Etat : Réponse aux défenseurs des Compagnies. — Les salaires sur le réseau de l'Ouest avant et après le rachat. — Notre enquête sur l'action publique et le logement populaire en Suisse. — Autour de notre enquête sur l'action publique et le logement populaire en Suisse. — SZABOLCSY (Anton) : La régie directe des chemins de fer en Hongrie. — TAJANI (Filippo) : Les résultats de l'exploitation des chemins de fer par l'Etat en Italie.

Sixième Année (1913-1914)

DAVIES (Emile) : La régie directe et le travail. — HOCHREUTINER (B.-P.-G.) : Les cultures maraichères de secours pendant la guerre à Genève. — VON DER LEYEN (A.) : M. Yves Guyot et les chemins de fer d'Etat en Allemagne. — MILHAUD (Edgard) : La mobilisation économique et financière de l'Allemagne. — NESTLER-TRICOCHE (George) : Notre enquête sur l'action des communes aux Etats-Unis contre la cherté de la vie. — SCHIAVI (Alessandro) : Les Instituts d'habitations populaires en Italie. — VANDERWELDE (Emile) : La nationalisation des chemins de fer : l'exemple de la Belgique.

Septième Année (1914-1915)

MILHAUD (Edgard) : Les monopoles et la multiplicité des prix : Exemple de la régie genevoise de l'électricité. — JOSSERAND (H.) : Les œuvres de travail à domicile et la Municipalité Lyonnaise. — ROUSSEAU (René) : L'office d'approvisionnement communal d'Arcueil-Cachan. — HÉDIN (H.) et MARTIN (E.) : Un essai de régie municipale de la boucherie à Montpellier en 1911. — FRITZ-GERALD (John-D.) : L'enchérissement de la vie et l'organisation de la vente du poisson dans la Nouvelle-Galles du Sud.

Huitième Année (1915-1916)

BAYLET (Léon) : Les boucheries municipales à Bordeaux. — GITERMANN (Marcus) : Les mesures sociales prises par les villes allemandes. — POISSON (Ernest) : La collaboration coopérative et municipale pour la vente de la viande frigorifiée à Paris et dans le département de la Seine.

Neuvième Année (1916-1917)

DECOUT (E.) : La commission extra-municipale de ravitaillement de la Ville de La Rochelle. — HERRIOT (Edouard) : Les œuvres de guerre de l'hôtel de ville de Lyon. — MAILLART-BOULLET : La lutte pour la vie à Beauvais pendant la guerre. — MARTIN (E) : La régie municipale de la viande à Montpellier pendant la guerre. — MILHAUD (Edgard) : Les limites d'âge pour le transport gratuit et à prix réduit des enfants sur les réseaux privés et sur les réseaux d'Etat. — NUSSBAUM (Ch.) : Le chèque postal. — PÉRON : Les œuvres municipales de ravitaillement de Boulogne-sur-Mer.

Dixième Année (1917-1918)

KAMPFFMEYER (Dr Hans) : Un projet de loi sur la socialisation des habitations. — MILHAUD (Edgard) : Les régies et leur évolution. — Quelques aspects du problème des chemins de fer. — Compagnies et réseaux d'Etat dans leurs rapports avec les voies navigables. — MÉMOIRE DU MINISTÈRE ALLEMAND DE L'ECONOMIE NATIONALE (Projet Wissel-Mollendorf) : La construction de l'économie collective.

Onzième Année (1918-1919)

HODGES (Frank) : La nationalisation des mines. — LEHMANN (Helmut) : Les pharmacies et l'économie communautaire. — MILHAUD (Edgard) : Les chemins de fer et la Grande Guerre. — Les accidents sur les réseaux des Compagnies et sur les réseaux d'Etat. — RIEU (Jean) : Alimentation et approvisionnement de la population de Toulouse pendant la guerre. — TEVSAIA (V.) : Le Conseil de la Banque d'Etat de Géorgie.

Douzième Année (1919-1920)

FRANCQ (Roger) : La nationalisation industrielle appliquée au chemin de fer. — JOUHAUX (Léon) : Le Conseil économique du travail. — MILHAUD (Edgard) : La mainmise des Compagnies de chemins de fer sur les pouvoirs publics et sur la presse. — SEELIGER (J.) : L'organisation pratique, en Belgique, de l'assurance municipale contre les risques de l'incendie. — La socialisation des mines de houille en Allemagne (Rapport de la commission de socialisation). — CONSEIL ÉCONOMIQUE DU TRAVAIL DE PARIS : Principes généraux de la nationalisation industrialisée. — La nationalisation des chemins de fer. — La nationalisation des mines. — La nationalisation des forces d'énergie électrique.

Treizième Année (1920-1921)

CONGRÈS INTERNATIONAL DES MINEURS : La nationalisation des mines (compte rendu sténographique). — FISCHER (Edmond) : L'organisation sociale de la production et de la distribution du lait. — KLÖETI (Emile) : La question du logement. — LIGUE NATIONALE ANGLAISE DES GUILDES : Les Guildes nationales (Appel aux Trade-Unionistes). — MILHAUD (Edgard) : Tarifs et trafic sur les réseaux privés et sur les réseaux d'Etat. — SHLEPNER (B.-S.) : Le chèque postal en Belgique. — WAGNER (Martin) : L'économie communautaire dans le domaine de l'habitation.

Quatorzième Année (1921-1922)

EICHENBERGER (Ernest) : Le contrôle ouvrier dans les services publics. — FÉDÉRATION NATIONALE DES P. T. T. : Contre la cession des services publics (Rapport). — FISCHER (Edmond) : La socialisation de l'économie en Allemagne. — HARRER (Franz) : Le développement de la boulangerie municipale de Budapesth. — KARLEBY (Nils) : Les régies nationales et communales du Danemark. — LINDEMANN (Hugo) : La municipalisation en Allemagne. — MERCIER (Lucien) : La participation du personnel à la gestion des administrations publiques nationalisées en Suisse. — MILHAUD (Edgard) : La crise économique mondiale, la coopération et l'organisation internationale de l'économie. — NUSSBAUM (Charles) : Réformes dans l'administration des Postes suisses. — PICK (Kaethe) : Les entreprises communautaires en Autriche. — Nouvelles formes de l'économie publique en Autriche. — La Guilde autrichienne de petite colonisation, de logement et de construction. — SCHIAVI (Alessandro) : Le travail et la statistique dans les communes italiennes. — Comment on cherche à résoudre, en Italie, la crise des logements. — SEELIGER (J.) : Une régie intercommunale d'assurance-incendie en Belgique. — VINCK (Emile) : Le problème du logement en Belgique et la Société nationale belge des logements à bon marché. — WAGNER (Martin) : La socialisation des entreprises de bâtiment.

Quinzième Année (1922-1923)

FISCHER (Edmond) : La socialisation des services de l'eau. — HANNAK (Jacques) : La comptabilité dans l'économie socialiste. — HARRER (Franz) : La municipalisation des tramways de Budapesth. — KLÖTI (Emile) : Les habitations municipales de Zurich. — LEICHTER (Otto) : Crise du logement et réforme de la législation sur les loyers en Autriche. — SCHIAVI (Alessandro) : Le fascisme et les municipalisations en Italie. — TZAUT (A). : La caisse nationale suisse d'assurance en cas d'accident.

Chronique et Bibliographie dans chaque numéro.

Abonnement annuel : 25 fr. — Années écoulées : 25 fr.

Les 2 premières années ne se vendent pas en dehors de la collection complète.

ADMINISTRATION : 6 rue Pécolat GENÈVE

Niort. — Imp. Th. Martin.

15e Année | N° 174 | Octobre 1923

LES ANNALES
DE LA
RÉGIE DIRECTE

REVUE INTERNATIONALE
DES SERVICES ÉCONOMIQUES PUBLICS

Paraissant tous les mois.

Directeur :

Edgard MILHAUD

Professeur d'économie politique à l'Université de Genève

SOMMAIRE :

Abonnement pour tous pays : Un an, 25 francs suisses.

L'Année de la Revue commence en Novembre et les Abonnements partent de Novembre

DIRECTION ET RÉDACTION
8, Rue Saint-Victor, 8

ADMINISTRATION
6, Rue Fécolat, 6

GENÈVE

ARTICLES PUBLIÉS DANS LES QUINZE PREMIÈRES ANNÉES

1908 (Novembre)-1923 (Octobre)

classés par noms d'auteurs

Première Année (1908-1909)

ALIBERT (Marius) : La régie directe des pompes funèbres à Agen. — BOUVIER (Emile) : De la nécessité d'une loi française sur les régies municipales. — Le domaine illimité de la municipalisation. — BRUNET (Frédéric) : Les régies directes coopératives. — COMPÈRE-MOREL : Vers les régies rurales. — Dr ENSCH (N.) : L'hygiène publique et la régie du lait. — Inspection ou régie du lait ? — Expériences et projets de régie du lait. — FERRETTI (J.-E.) : La commandite égalitaire de l'Imprimerie Nationale française. — Dr FORBATH (Emeric) : La construction de maisons locatives par l'Etat et par la Ville à Budapest. — FOURNIÈRE (Eugène) : Les syndicats de fonctionnaires. — GITERMANN (M.) : La productivité des entreprises municipales. — HERRIOT (Edouard) : La mise en régie du service des eaux à Lyon et ses résultats. — La condition du personnel de la Ville de Lyon. — MARREL (Edouard) : L'octroi de Saint-Rémy-de-Provence et la régie. — MENKÈS (W.) : Chronique (informations sur la Russie). — MILHAUD (Edgard) : Notre programme. — Nouvelles conventions avec l'Ouest et l'Orléans : un triomphe des Compagnies. — L'affaire de l'Ouenza et la régie directe. — Le chèque postal en Suisse. — Les résultats de la municipalisation du gaz et de l'électricité à Genève. — Les boucheries communales en Allemagne. — La poste, régie nationale et régie mondiale. — Chronique et Bibliographie dans chaque numéro. — NUSSBAUM (Charles) : Le chèque postal international. — PARKER (James) : L'électricité à Londres et la récente législation. — SCHIAVI (Alessandro) : La régie directe de l'affichage à Milan. — La pharmacie municipale de Reggio-Emilia. — Les cantines scolaires municipales de Milan. — La municipalisation des services publics à Rome. — SEIDEL (Robert) : Le monopole des céréales en Suisse. — SEMBAT (Marcel) : L'organisation du contrôle du public. — A propos de la grève des Postes. — SIGG (Jean) : Le travail dans les services industriels de la ville de Zurich. — TARBOURIECH (Emile) : La crise viticole en France et ses remèdes : un trust coopératif et le monopole de l'alcool. — TUROT (Henri) : La régie du café. — VEBER (Adrien) : Le mouvement social contemporain et la municipalisation des services publics. — VINON (Emile) : Les cantines communales en Belgique. — Les cantines communales et le droit de l'enfant.

Deuxième Année (1909-1910)

ALEXINSKY (Grégoire) : Les conditions du travail des ouvriers municipaux en Russie. — BOUHEY-ALLEX : La caisse départementale d'assurance contre l'incendie de la Côte-d'Or. — BUISSON (Etienne) : La régie des eaux, du gaz, de l'électricité et des tramways à Munich. — Les régies immobilières, commerciales, alimentaires et sanitaires de la Ville de Munich. — DESAGHER (Louis) : L'abattoir communal de Coudekerque-Branche. — Dr ENSCH (N.) : Le rendement des édifices publics. — Dr FORBATH (Emeric) : La boulangerie municipale de Budapest. — La boulangerie municipale de Budapest et son action sur le prix du pain. — GITERMANN (Marcus) : Réponse aux objections contre le municipalisme. — La révolution électrotechnique et la socialisation de la houille blanche. — LINDEMANN (Hugo) : La régie communale du gaz en Allemagne. — MILHAUD (Edgard) : La municipalisation du gaz à Bruxelles, à Saint-Gilles-lez-Bruxelles et à Gand. — La nationalisation de l'assurance contre l'incendie en Suisse. — La municipalisation et les finances communales. — La régie des eaux, du gaz, de l'électricité et des tramways à Fribourg-en-Brisgau. — Les résultats de la municipalisation des tramways à Manchester. — La municipalisation du placement et ses résultats en Allemagne. — La *Bibliothèque de la Régie Directe*. — La régie du théâtre à Fribourg-en-Brisgau. — La régie directe au village : Les propriétés et exploitations de la commune de Bassins. — La régie directe au village : Les propriétés et exploitations de la commune de Burtigny. — Le premier Congrès des régies municipales italiennes. — La régie directe au village : Les propriétés et exploitations de la commune de Givrins. — Les accidents de chemins de fer sur les réseaux privés et sur les réseaux d'Etat. — Chronique et Bibliographie dans chaque numéro. — NEURATH (Otto) : Les moyens de transport dans les villes et leurs possibilités d'évolution. — SCHIAVI (Alessandro) : Quelques régies de la Ville de Milan. — Le problème des habitations à Milan et l'action de la commune. — Statistique des régies municipales en Italie. — SPEISER (Paul) : Une entreprise intercantonale : la Société des Salines Suisses du Rhin réunies. — TANGER (Albert) : La municipalisation des pompes funèbres en France. — TARBOURIECH (Ernest) : La régie directe et l'agriculture. — VINCK (Emile) : La régie des élévateurs à Anvers. — YOVANOVITCH (Kosta) : Les entreprises d'Etat en Serbie.

Troisième Année (1910-1911)

BERNARD (Marcel) : La régie directe dans les prisons de France. — BOUVIER (Emile) : Les chemins de fer de l'Etat au Japon. — BUISSON (Etienne) : La régie du gaz à Remscheid. — La régie des eaux à Remscheid. — Le monopole des assurances en Italie. — Les régies immobilières, sanitaires et financières de Remscheid. — DULAC (Albert) : La reconstitution des biens communaux en Prusse. — LABARBE (Henri) : La régie directe à Mont-de-Marsan : eaux, octroi, plaçage, abattoir, éclairage. — LINDEMANN (Hugo) : Les établissements publics d'assurance contre l'incendie en Allemagne. — MILHAUD (Edgard) : La situation des cheminots de l'Etat Suisse et de la Compagnie P.-L.-M. — La régie directe au village : Les propriétés et exploitations de la commune de Vinzel. — La régie de l'électricité à Genève et les réductions de tarifs. — L'exploitation privée et la régie directe des tramways en Angleterre. — Les accidents de chemins de fer sur les réseaux de l'Etat prussien et des Compagnies anglaises. — Les accidents de chemins de fer sur les réseaux des Compagnies américaines et de l'Etat belge. — Les Compagnies françaises de chemins de fer pendant la guerre franco-allemande. — Les accidents de chemins de fer en Suisse avant et après le rachat. — Les accidents de chemins de fer sur les réseaux des Compagnies françaises et de l'Etat français. — Les abonnements d'ouvriers sur le réseau de l'Etat belge. — Les abonnements d'ouvriers sur les réseaux d'Etat et sur les réseaux des Compagnies en France et en Belgique. — Les tarifs, le trafic et le matériel des chemins de fer en Suisse avant et après le rachat. — Chronique et Bibliographie dans chaque numéro. — NESTLER-TRICOCHE (Georges) : La municipalisation des services publics aux Etats-Unis. — PFLUGER (Paul) : La question du logement et l'action des communes en Suisse. — ROCHAIX (John) : La fourniture par l'Etat des sels de cuivre et des pommes de terre de semence dans le Canton de Genève. — SCHLŒSSER (Henri) : Les plans d'extension des villes en Angleterre. — TEVZAIA (V.) : Les syndicats industriels en Russie et la régie directe. — WEST (Julius) : La municipalisation du gaz et ses résultats dans le Royaume-Uni.

Quatrième Année (1911-1912)

ALEXINSKY (G.) : La régie directe et le funiculaire de Belleville à Paris. — Le Comité du budget de la Ville de Paris et la régie directe. — ALIBERT (Marius) : La régie du nettoiement à Agen. — BERNARD (Marcel) : La taxe du pain en France. — BERTRAND (Louis) : Le service des eaux et les bains communaux de la ville de Schaerbeek. — BIEN (Oswald) : Les villes autrichiennes et la cherté de la vie. — EHRLER (Josef) : L'action des villes allemandes contre le renchérissement de la vie. — L'œuvre de la Ville de Fribourg-en-Brisgau dans le domaine de l'habitation. — Le nouveau théâtre municipal de Fribourg-en-Brisgau. — FASSIO (G.) : La boulangerie municipale de Vérone. — Les boucheries et la poissonnerie municipales de Vérone. — HERSCH (Louise) : Le renchérissement de la vie et l'action municipale en Russie. — MILHAUD (Edgard) : L'économie publique. — Les réformes en faveur du personnel sur l'Ouest-Etat. — Les habitations municipales de Zurich. — Notre enquête sur l'action des communes suisses contre la cherté de la vie. — La régie de l'électricité à Genève et les petits consommateurs. — NESTLER-TRICOCHE (George) : La réaction contre l'exploitation privée des tramways aux Etats-Unis. — La cherté de la vie aux Etats-Unis. Introduction à notre enquête sur l'action des communes américaines contre le renchérissement. — SCHIAVI (Alessandro) : L'action publique dans la construction des habitations à bon marché en Italie. — WAGNER (Heinrich) : L'œuvre sociale de la Ville d'Ulm, notamment dans le domaine de l'habitation. — WEST (Julius) : Les habitations municipales dans le Royaume-Uni.

Cinquième Année (1912-1913)

ALEXINSKY (Grégoire) : La régie directe et les finances municipales à Moscou. — BENOIT-LÉVY (Georges) : L'organisation du contrôle du public : Le bureau de recherches municipales de New-York. — BOUVIER (Emile) : La construction des maisons d'habitation par les communes en France. — BRAUN (Antoine) : L'exploitation des chemins de fer par l'Etat en Autriche depuis le dernier rachat. — BUFQUIN DES ESSARTS (J.) : Les effets d'une régie dans une petite commune : L'électricité municipale à Mont-sur-Marchienne. — DE COPPET (Maurice) : Les tramways du Conseil du Comté de Londres. — DEDIE (Arthur) : Les abattoirs municipaux de La Chaux-de-Fonds. — FITZ-GÉRALD (John D.) : L'œuvre de l'Etat de la Nouvelle-Galles-du-Sud dans le domaine de l'habitation. — LINDEMANN (Hugo) : La construction de logements par les communes en Allemagne. — MILHAUD (Edgard) : Les accidents de chemins de fer sur les réseaux concédés et sur les réseaux d'Etat : Réponse aux défenseurs des Compagnies. — Les salaires sur le réseau de l'Ouest avant et après le rachat. — Notre enquête sur l'action publique et le logement populaire en Suisse. — Autour de notre enquête sur l'action publique et le logement populaire en Suisse. — SZABOLCSY (Anton) : La régie directe des chemins de fer en Hongrie. — TAJANI (Filippo) : Les résultats de l'exploitation des chemins de fer par l'Etat en Italie.

Sixième Année (1913-1914)

DAVIES (Emile) : La régie directe et le travail. — HOCHREUTINER (B.-P.-C.) : Les cultures maraîchères de secours pendant la guerre à Genève. — VON DER LEYEN (A.) : M. Yves Guyot et les chemins de fer d'Etat en Allemagne. — MILHAUD (Edgard) : La mobilisation économique et financière de l'Allemagne. — NESTLER-TRICOCHE (George) : Notre enquête sur l'action des communes aux Etats-Unis contre la cherté de la vie. — SCHIAVI (Alessandro) : Les Instituts d'habitations populaires en Italie. — VANDERWELDE (Emile) : La nationalisation des chemins de fer : l'exemple de la Belgique.

Septième Année (1914-1915)

MILHAUD (Edgard) : Les monopoles et la multiplicité des prix : Exemple de la régie genevoise de l'électricité. — JOSSERAND (H.) : Les œuvres de travail à domicile et la Municipalité Lyonnaise. — ROUSSEAU (René) : L'office d'approvisionnement communal d'Arcueil-Cachan. — HÉDIN (H.) et MARTIN (E.) : Un essai de régie municipale de la boucherie à Montpellier en 1911. — FRITZ-GERALD (John-D.) : L'enchérissement de la vie et l'organisation de la vente du poisson dans la Nouvelle-Galles du Sud.

Huitième Année (1915-1916)

BAYLET (Léon) : Les boucheries municipales à Bordeaux. — GITERMANN (Marcus) : Les mesures sociales prises par les villes allemandes. — POISSON (Ernest) : La collaboration coopérative et municipale pour la vente de la viande frigorifiée à Paris et dans le département de la Seine.

Neuvième Année (1916-1917)

DECOUT (E.) : La commission extra-municipale de ravitaillement de la Ville de La Rochelle. — HERRIOT (Edouard) : Les œuvres de guerre de l'hôtel de

www.ingramcontent.com/pod-product-compliance
Lightning Source LLC
LaVergne TN
LVHW080958230826
846092LV00006B/1063
9782329798530